# 中学生科学探究实验室教程

朱建民　主编

中国科学技术出版社

·北　京·

图书在版编目（CIP）数据

中学生科学探究实验室教程/朱建民主编 . —北京：中国科学技术出版社，2018. 11

ISBN 978 - 7 - 5046 - 7909 - 3

Ⅰ. ①中… Ⅱ. ①朱… Ⅲ. ①科学实验—中学—教学参考资料 Ⅳ. ①G634. 73

中国版本图书馆 CIP 数据核字（2018）第 236598 号

| | |
|---|---|
| 策划编辑 | 王晓义 |
| 责任编辑 | 罗德春　许思兰 |
| 责任校对 | 杨京华 |
| 封面设计 | 孙雪骊 |
| 责任印制 | 徐　飞 |

| | |
|---|---|
| 出版发行 | 中国科学技术出版社 |
| 地　　址 | 北京市海淀区中关村南大街 16 号 |
| 邮　　编 | 100081 |
| 发行电话 | 010 - 62173865 |
| 传　　真 | 010 - 62179148 |
| 网　　址 | http://www.cspbooks.com.cn |

| | |
|---|---|
| 开　　本 | 787mm × 1092mm　1/16 |
| 字　　数 | 270 千字 |
| 印　　张 | 13. 25 |
| 印　　数 | 1—7000 册 |
| 版　　次 | 2018 年 11 月第 1 版 |
| 印　　次 | 2018 年 11 月第 1 次印刷 |
| 印　　刷 | 北京盛通印刷股份有限公司 |

| | |
|---|---|
| 书　　号 | ISBN 978 - 7 - 5046 - 7909 - 3/G·791 |
| 定　　价 | 49. 00 元 |

# 编 委 会

# 序　一

　　北京市第三十五中学作为一所改革创新型学校，在科教融合开展科技教育和青少年科技创新人才培养方面进行了卓有成效的实践，探索了面向青少年的前沿科学探究实验室建设和课程实施模式，众多青少年学生因此受益。现在，学校结合建设科学探究实验室的经验，把实施过程中的精华课例，编写成适合广大中学生探索前沿科技的教程出版，邀我做序，我深感欣慰。

　　我认为本书有如下突出特点：

　　一是将前沿科技引入中学生科技课程，归纳了适合中学生进行科学探索的实验室建设配置，为广大中学组织学生开展科学探索活动课程提供了有效的参考。

　　二是将前沿科技研究成果改编成了适合中学生的教程，具有很强的实践性。打开本书就会知道中学生可以怎么开展科学实践，具有可操作性。

　　三是提供了各领域获奖的项目案例，只要认真学习，旁征博引，必有借鉴价值。

　　21 世纪以来，随着科技的进步、经济的飞跃和社会的发展，特别是各国对未来引领世界潮流的科技创新人才的迫切需求，科技教育在培养适应未来社会的人才方面的独特价值受到特别关注。本书从科教深度融合的角度探索了如何在青少年人才培养中发挥科技教育的价值，顺应了当今时代对创新人才培养的需求。

　　党的十九大报告指出："建设教育强国是中华民族伟大复兴的基础工程。"希望有更多的学校开展科技教育实践，开启培养未来创新人才的新探索。

中国工程院院士
中国青少年科技辅导员协会第七届理事会理事长

2018 年 9 月

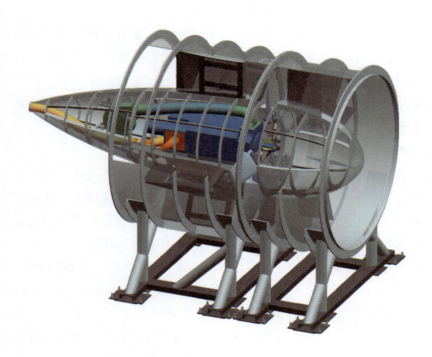

# 序 二

　　看到北京市第三十五中学编写的《中学生科学探究实验室教程》，甚感欣慰。在科学教育的道路上，北京市第三十五中学跨出了重要的一步。学校科技教育是青少年科技教育的主渠道，在培养具有科学素质、适应社会发展、具备一定的创新能力和实践能力的未来公民上，担负着不可推卸的责任；学校科技教育也是人们一生所受的教育中最为基础且重要的一部分。当前科学技术发展日新月异，学校科技教育决不能拘泥于中学课本的内容。在这种开放的思路下，北京市第三十五中学通过与中国科学院和北京航空航天大学等高校科研院所的合作，建设了 10 个高中重点开放实验室，将优质科技资源引入校内，为青少年学生探索科技前沿搭建了平台。这是利用校外资源来提升学校教育的一种很值得推广的教育改革举措。

　　一花独放不是春。作为具有教育责任担当的一所学校，北京市第三十五中学把实验室建设配置的经验、科技教育的精华课例和学生项目案例，编写成适合中学学校和广大中学生参考借鉴的教程，集中呈现，让广大中学师生学习、了解怎么开展科技创新教育，让中学生知道怎么自主进行科学实践，具有重要的意义。这样的科技教育改革实践，也与当下在教育领域中对学生能力和核心素养的培养的突出强调是一致的。

　　我相信，本书的出版，将会有助于更多的中学学校开展科技创新教育变革，成为引领中学学校进行资源整合、开展科教融合的科技教育的应用指导和工作参考，成为引导青少年积极开展科学实践、掌握科学探究方法、提高科学知识应用能力、体验和领会科学思想和精神的实践基础，并切实有益于青少年科技创新后备人才队伍的培养。

　　愿更多的学校、教师和社会力量参与到青少年科技教育中来！

清华大学教授

中国科协—清华大学科技传播与普及研究中心主任

2018 年 9 月

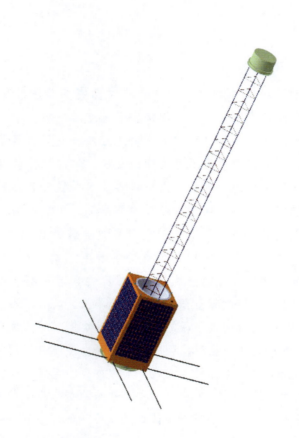

# 主 编 的 话

翻看着 10 个高端科学探究实验室翔实的课例和教程，一种"吾家有女初长成"的自豪感油然而生。

时间回拨到 2009 年，为求解"钱学森之问"、探索拔尖创新人才培养模式，北京市第三十五中学与中国科学院京区科学技术协会联手创办了"科技创新人才早期培养班"。由此，教育界与科技界联手，基于学生发展需求设计了科技特色课程。中国科学院为科技创新人才培养班专门设计了基础课程、实践活动和课题研究三大课程单元，引领学生在学习与实践中拓展科学视野、提升科学素养、锻炼创新能力。

通过举办科技创新人才培养班，学校积累了一些科技创新人才培养的经验，初步形成了科技创新人才培养模式。在此过程中我们发现，由于中国科学院实验室的开放范围和时间有限，受益的学生还只在少数，而且学生每周去中国科学院科研院所花费的时间较多并存有一定风险。因此，为了让每一位爱好科技的学生都有机会进入实验室开展探究，我决定"造船出海"——借助高中部搬迁新址的机会，在新校舍与相关科研院所合作建立了高端科学探究实验室。

对于高端科学探究实验室，我们的定位是"脚踏实地，仰望星空"，既要基于中学生的知识基础和实际需求，又要反映科技发展前沿和国家发展需求，为学生开展探究性科学实验、完成高端课题研究提供条件。作为一项开创性举措，实验室的建设经历了方向选定、方案设计、建设施工、课程开发等一系列难题与挑战，每个实验室的设计都是数易其稿甚至多次推倒重来，最终确定下来的。

在中国科学院、北京航空航天大学、清华大学等科研院所和高校的帮助下，经过3 年多的奋战，2015 年起高端科学探究实验室陆续建成开放。目前，我们已经建成了10 个高端科学探究实验室。每个实验室我们都聘请了相关专业的博（硕）士教师担任首席研究员，并与该领域的专家一起研发适合中学生的课程。在实践过程中，我们一边实施一边改进，逐渐形成了较为成熟的实验室课程。

在规划高端科学探究实验室之初，我们就不只是为北京市第三十五中学而建。1923 年，北京市第三十五中学的前身北京志成中学创建，中国共产党主要创始人之一李大钊先生等 15 位教育名流任建校董事，并引领学校确立"改变民族落后，发展教育事业，培养栋梁之材，有志者事竟成"的办学宗旨。自此，"为中华之崛起而教书育人"成为北京市第三十五中学坚守 95 年的教育初心，家国情怀和社会责任渗入志成人的文化血脉。作为一所北京市级示范学校，近些年我们一直通过各种途径承担教育责任，发挥带头辐射作用。对于高端科学探究实验室，我们坚持资源共享，不仅面向北京市第三十五中学的学生开放，还将陆续向北京市西城区、全北京市乃至全国有科学兴趣、科学潜能的学生开放。

这些年，我们一直在尝试推出实验室线上课程，希望能够通过线上线下结合的课程实施方式，让全国更多学生受益。在建校 95 年周年之际，我们将高端科学探究实验室 3 年的课程实施经验进行梳理总结，整编成册，奉献给全国中学科技创新教育的同行者们。

本书全部内容为北京市第三十五中学在科学探究实验室建设与课程实施中的成果，时间尚短，水平有限，难免存在疏漏，敬请指正！

2018 年 9 月

# 编 者 的 话

　　根据《国家中长期教育改革和发展规划纲要（2010—2020 年）》对青少年科技创新人才培养的要求，我们探索了面向中学生的前沿科学探究实验室建设和课程实施模式，并在实施过程中积累了丰富的素材与案例。我们认为，青少年科技教育的指导思想是培养科学与人文素养，初步形成科学思维；掌握科学研究的基本方法与技能，具备较强的实践创新能力；从学生爱好出发，能够满足或激发学生兴趣，树立职业理想，有利于追求个性化发展。

　　本书编写的原则是：结合科学探究实验室的课程内容，将培养学生形成科学思维习惯、良好的科学素养作为课程的基本目标；结合具体实验室特色，使学生初步体验科学探究过程，掌握寻找、选择、应用获取科学事实的基本方法与技能；依据实验室特色，激发学生科学探究的兴趣，树立职业理想，促进社会责任的形成。

　　本书特点包括：

　　科学性。注重学生科学素养的培养，特别是受益终生的科学思维过程与方法的学习，同时注重培养依据科学数据（或称为科学事实）说话的习惯。

　　实践性。定位于大学先修，开发适合中国学生身心特点，贯彻科学、技术、工程、艺术、数学跨学科教育理念的实践课程。

　　自主性。注重学生在本实验室开展特色学习的同时，注重学科研究与爱好的结合，引导学生发现自身的兴趣点，寻找适合自己的学习领域，确定和追求职业理想。

　　本书内容涵盖航空航天、遥感地理、天文、生命科学、材料科学、智能科学、大数据等各前沿科学领域。这些素材大部分来源于北京市第三十五中学科学探究实验室，是同学们在实验室教师与来自中国科学院各科研院所、北京航空航天大学以及清华大学专家共同指导下完成的探究项目，其中有些还获得了区、市、国家级科技创新竞赛的奖项。编者将这些科技创新项目改编成教程，并在学校科技实践课程中不断改进、拓展，力求更贴近中学生的实际。相信孩子们、家长和科技教师们会非常喜欢这些科技探究实验，同时也可以对中学科技教育发展提供一些参考。

编委会

2018 年 9 月于北京

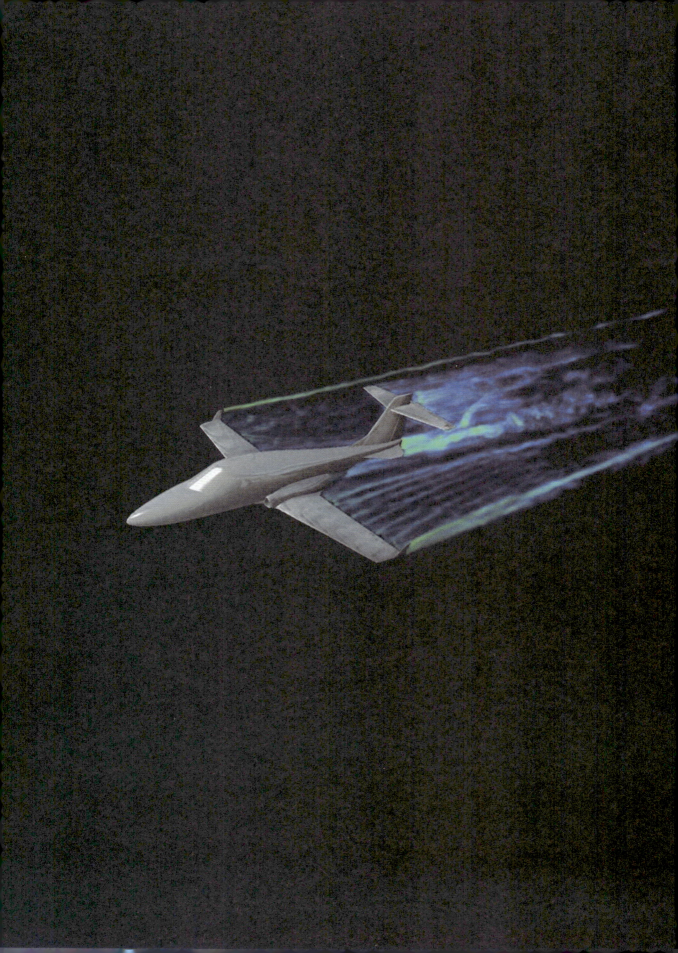

# 目　　录

# 绪论　中学生探究前沿科技实践指南

探究课程的目的是通过综合探究实验的练习，让学生能够完成一项完整的研究工作，从而了解科学研究的基本过程，培养学生的动手能力和操作技能，培养分析问题、解决问题的能力。在此以本教程涉及的相关学科为例，阐述综合探究课题设计的基本方法，为同学们进行实验设计提供指导。

## 一、　如何进行文献调研

对探究科技前沿感兴趣、有志于进行科学探究实验的同学，可以先向老师或相关领域专家咨询，并在老师指导下查阅文献，了解相关的实验背景。

比如，对"纳米抗菌材料"感兴趣的同学可以以"纳米材料""抗菌"等为关键词，在中国知网数据库、维普数据库（不具备条件的同学也可以查阅百度学术等网站）搜索相关文献，然后再根据搜索结果的相关程度依次进行文献阅读。阅读文献时，可采取读取"摘要"的方式浏览概要内容，并在此基础上完成实验背景的调研。最后，可以以相对简短的文献综述形式完成实验背景调研报告。实验背景要包括研究意义、研究进展、现状、目前存在的主要问题等，同时也要列出主要参考文献。

> **示例：小组同学完成的"纳米材料在污水处理中的应用"研究背景调研报告**
>
> **（一）水资源污染现状**
>
> 20世纪90年代以来，世界淡水资源日渐短缺，污染日益严重，地球生态系统的平衡和稳定遭到破坏，并直接威胁着人类的生存和发展。水污染一般是指生活污水、工业废水、农田排水等未经处理而大量排入水体所造成的污染。其中，染料废水具有色度高、COD高、成分复杂、水质变化大及可生化性差等特点，被公认为是最难处理的工业废水之一。据报道，印染行业中由于不完善的处理和清洗技术，大概有10%～20%的染料从生产的剩余液体中排出。高色度是这种废水的一大特点。它严重影响了水质并且抑制阳光进入水体，从而降低了水中生物的光合作用。许多染料

是有毒的，其中一部分还具有致癌性和致突变性，且很难被生物降解。这不仅会对动植物造成损害，同时也严重威胁着人类自身的健康。

罗丹明 B 作为一种人工合成的有机染料，具有致癌性，被广泛应用于造纸印刷、纺织印染、皮革和油漆等行业。罗丹明 B 曾被用作食品添加剂，但由于被证实具有致癌性，已明确不许用于食品中，但近年仍然有报道食品中被查出含有罗丹明 B。

### （二）污水处理方法

目前，处理染料污水常用的方法包括物理化学法、化学法、生物法，具体有混凝沉淀法、膜分离法、吸附法、化学氧化法、离子交换法、好氧和厌氧微生物降解法等。纳米材料作为近年新兴的重要功能材料具有优良的光电化学特性，可用以设计制造太阳能电池、光催化固氮合成氨、光催化合成某些有机和无机化合物、光催化氧化降解水和大气中的有机污染物及有害气体、光催化还原贵金属离子和有毒重金属离子等，从而在能源、环保、医疗卫生等领域有着重要应用前景。……

参考文献：（略，下同）

## 二、　如何确定研究目的

在查阅文献的基础上，学生与指导老师一起讨论，针对该研究领域存在的某些问题，确定研究目的。中学生的科学探究，实验目的不宜过大，一般从小处着手。可以是针对某项具体物质在另一领域的拓展应用，或是某种实验方法的改进。

**示例 1：基础实验科学探究项目——"纳米材料在污水处理中的应用"项目研究目的**

本项目拟选用经典的纳米光催化材料二氧化钛和新兴纳米材料石墨烯作为研究材料，利用超声波清洗器，探究在超声振荡条件下对罗丹明 B 溶液的处理效果，分析浓度、温度、pH 值等影响因素对处理效果的影响，并对比分析两类纳米材料的优劣性。

**示例 2：工程学探究项目——"微小卫星教具模型设计与制作"项目研究目的**

为解决在学习生活中发现的关于航天科普教学上遇到的相关问题，在学习了卫星总体设计、有效载荷设计等知识的基础上，设计了一款新型多功能微小卫星教具模型。本项目所开发的卫星教具模型预期将达到以下技术指标。

（1）实现卫星自旋功能。

（2）具有多种有效载荷。

（3）无线控制，实现不同有效载荷。

（4）顶部安装摄像头等设备。

（5）主体外形尺寸：100 mm × 100 mm × 150 mm。

## 三、 如何撰写开题报告

确定实验目的之后，同学们需要制定详细的实验方案，然后撰写开题报告，请指导教师（或相关领域专家）对开题报告进行评价。经指导老师或专家审核通过后，同学们就可以开始进行探究实验。科学探索项目的开题报告表范例见表绪论－1。

表绪论－1　科学探究项目开题报告表范例

| 项目名称： | | 指导教师： | | |
|---|---|---|---|---|
| 组长： | | 班级： | | |
| 课题组成员： | | | | |
| 与课题相关的学科： | | | | |
| 课题目标： | | | | |
| 实验方案 | 任务分工： | | | 负责人 |
| | 实验设计： | | | |
| | 实验组别 | 原材料/研究对象 | 实验条件/方法 | |
| | 控制组 | | | |
| | 实验组 1 | | | |
| | 实验组 2 | | | |
| | …… | | | |
| | 实验材料： | | | |
| | 药品 | | | |
| | 仪器与设备 | | | |
| | 预实验内容 | | | |
| | 实验步骤 | | | |
| | 预期结果 | | | |
| | …… | | | |
| | 课题进度安排： | | | |
| 参考文献： | | | | |

## 四、 如何记录探究实验过程

　　由于科学探究实验需要一定的知识背景和实验操作能力，因此学生在开始探究实验之前一定要学习相关基础知识，并进行一些基本的实验操作培训。在掌握了实验操作技能之后就可以进行探究实验了。在进行探究实验过程中，要注意做好实验记录，即主要对实验数据/图谱的记录、整理，同时也要特别注意实验过程中的异常现象，因为异常现象中可能蕴藏着某些新的实验发现。科学探究实验记录表范例见表绪论–2。

表绪论–2　科学探究实验记录表范例

| 实验名称 | |
|---|---|
| 实验目的 | |
| 实验背景 | |
| 学习方法指南和提示 | 1. 首先学会利用数据库查找信息。科学技术的发展日新月异，没有谁能够告诉你所有的知识，因此要学会通过数据库查找你需要的资料，并学会从各种文献中提取对你有用的信息<br>2. 进入实验室时，应尽快学会该实验室各种仪器的主要原理和使用方法，更重要的是了解这些仪器能够应用到哪些研究领域<br>3. 学会主动与老师沟通自己的想法，最好通过查阅文献提出详细的实验方案请老师评价是否可行，然后在老师的指导下开展实验<br>4. 学会做实验记录，原始数据非常重要 |
| 实验步骤 | 实验流程包括实验真实操作的详细步骤，如试剂用量、仪器参数、操作流程等。实验步骤宜分步书写，并标上序号。首次使用某试剂应标明试剂来源（如厂商），首次使用某仪器应标明仪器的生产厂商和型号。自制的试剂与仪器应写明制作方法，以便读者能精确复制。某实验流程若在此前已有记录，则可以写上"详见某年某月某日某页某实验"，如流程有变动（如参数改变）应予以标明。实验中任何可能影响结果的情况都应在流程中注明，如"某日发现某试剂颜色改变"或"某日恒温箱温度不正常"等。实验中发生的意外情况应特别注明，如"某仪器发生损坏" |
| 实验预期结果或讨论 | 实验结果包括实验所得的所有原始数据以及分析数据（图表等）。所有样品必须有编号和与编号对应的记录，以便日后查阅，同时应保存原始图片以供编辑和发表时使用。如条件允许，某些实验结果可以使用照片或视频记录。图片（包括照片）应打印后贴在实验记录本上。视频应在记录本上写明在计算机上的访问路径。实验结果的记录必须客观真实，不能选择性地部分记录符合设想的结果而忽略其他结果。所有发表的数据必须在纸质版实验记录本上有原始记录 |

续表

| | |
|---|---|
| 思考和反思 | 可以分析本次实验结果的意义。失败的实验应总结可能的原因，并根据实验结果制订下一步的实验计划。定期（如每周或每月）总结实验数据并制订下一步研究计划是十分必要的，这将有助于实验者避免因数据过多或长时间重复某非必要的实验等原因而迷失实验方向 |
| 参考文献 | |

## 五、 如何进行科学实验数据处理和展示

对于中学生来说，数据处理软件能够帮助完成大部分的数据处理和分析。其中最常用的 Microsoft Excel，也称“电子表格”，是一个功能非常强大的应用软件。它的工作表由一系列有行标和列标的单元格组成。单元格中可以填写数据、函数表达式等。Excel 除了一般的制表功能外，还具备计算、统计分析与自动绘制图表的功能。呈现定量数据常用的图表类型有：柱状图、点阵图、散点图、折线图、箱线图和表格等。这些都可以在 Excel 中完成。

如果科学探究课题中涉及海量数据，且需要进行统计分析运算并进行相应的数据挖掘和预测分析等时，“统计产品与服务解决方案”软件（SPSS，Statistical Product and Service Solutions）的优势更强。该软件可以进行描述性统计、均值比较、相关分析、回归分析、线性模型等多类专业分析。SPSS 软件是国际学术界最有影响的统计软件之一，因此有兴趣的中学生可以在科学实践中尝试利用该软件进行数据处理和分析。

另外，根据科学研究领域的不同，各专业还有一些特有的专业软件可用来进行数据分析和处理。举例来说，在化学实验中，实验数据的处理是实验的重要组成部分，也是比较难的一个部分。化学实验数据的处理主要分为两种类型：第一种是可以把数据代入公式直接计算的，如电泳、电渗、原电池电动势的测定值等；第二种是必须用实验数据做图，然后再利用图像获取信息。其中第二种类型又分为两类：A 类，图像为直线，如分解反应平衡常数的测定、丙酮碘化及旋光法测定蔗糖转化反应的速率常数、电导法测定乙酸乙酯皂化反应的速率常数、黏度法测定高聚物的相对分子质量等；B 类，图像为非线性关系，如吸收与发射光谱曲线的测定、样品的粒径分布图等。

图表展示是用可视化的方法来展示原始实验数据、统计分析结果，目的是为了直观凸显研究结果的重要意义和价值。图表展示有很多种形式，中学生可以根据数据类型来决定选择哪一种方式最合适。

## 六、 如何撰写研究报告/论文

根据各项实验结果撰写研究报告/论文。研究报告/论文一般包括：摘要、前言（研究背景及意义、研究目的）、实验过程、结果与讨论、结论、参考文献和致谢。其中摘要、前言和结论非常重要，在各项中学生科技竞赛和展示活动中，评审专家很看重这几部分。

**摘要：** 一般写研究的成果，不写研究意义。比如，可以写制备了什么物质、做了什么测试、得到了什么结果，等等。要确保摘要中的内容都是本课题新得到的结果，可以把创新点写出来。摘要的字数不超过 500 字。

**前言：** 也称绪言，可分为三部分：第一部分写研究意义，即为什么要进行这项研究，一小段即可。第二部分写国内外研究的现状，最好能够提出研究现状中存在的问题。第三部分写本课题要做什么，即研究目的。绪言部分篇幅不超过 1500 字。

**实验过程：** 包括仪器设备、材料试剂、具体实验过程等。首先列出本实验使用的所有材料试剂和仪器设备；然后根据所做实验的种类，分类描述每项实验的具体实验步骤，如某项物质的合成步骤，某项物理性质的测试方法等。

**结果与分析：** 这部分是整个研究报告/论文的核心。各项实验结果都放在该部分，如制备过程的现象变化，制备所得产物的形貌，其他各类测试的结果等。在这部分最重要的是要有针对实验结果的分析讨论，即这些实验结果代表什么含义，为什么得到这样的实验结果和趋势等。基于科学原理的分析和讨论最能体现中学生科学探究的价值所在。

**结论：** 结论比较难写，首先要注意结论不能太长，一般 500 字即可。另外，结论最好不要与摘要重复，可以将实验结果扩展为研究意义和将来的一些应用。比如，"为××的应用提供了平台"，也可以增加一些后续实验的展望。

**参考文献：** 以中文为主，可以有一两篇英文，共计十几篇即可。

另外需要注意的是，中学生的科学探究论文篇幅不宜过长，一般正文部分在 1 万字以内。

上述研究报告/论文格式主要适用于自然科学类探究作品。工程作品类的研究报告/论文各部分标题可以根据实际情况进行调整，但研究报告/论文需要包括的各个部分与自然科学探究作品基本类似。

# 第一章　走进神秘风洞

 导引

风洞是指一种按一定要求设计的、具有动力装置的、以人工方式生产的并能控制气流的具有特殊用途的管道，是研究空气动力学的主要设备。风洞是飞行器的摇篮，是国家重要的战略资源。航空器、航天器等，在前期研发阶段都需要进行很多次的风洞试验，并利用风洞的空气动力技术去设计和试验。所以，美国政府把空气动力技术作为仅次于核技术的关键技术，并且对其他国家进行限制和封锁。

虽然风洞在国防尤其是航空航天发展中占据着重要地位，但是作为一个造价高昂、专业性极强的大型设备，普通人并不了解，尤其是我们的中学生，即使是那些很喜欢航空航天、励志投身于航空航天事业的高中生对风洞也知之甚少，这或多或少地限制了中学生探索航空、追求航空的步伐。2015 年，北京市第三十五中学和北京航空航天大学、沈阳航空航天大学合作建立了全国第一个面向高中生的低速回流风洞实验室，将空气动力学以风洞实验的形式带入了中学课堂。这不仅能够满足中学生真切探索航空航天的愿望，而且对普及风洞技术而言也是一项意义深远的尝试。只有经历风洞试验，掌握风洞试验，才能真正探索航空，追逐航空梦。

## 第一节　风洞实验室的配置

### 一、 活动目标

风洞（Wind Tunnel）是一种管道状试验设备。该设备依据运动的相对性原理，将飞行器的模型或实物固定在人为制造的气流中，以此模拟实际飞行中各种飞行状态，获取试验数据。

风洞种类多样，外观形式和用途也各有不同。按照试验段气流速度范围分为低速风洞［马赫数（$Ma$）≤0.3］、亚声速风洞（$0.3 < Ma ≤ 0.8$）、跨声速风洞（$0.8 < Ma ≤ 1.2$）、超声速风洞（$1.2 < Ma < 5.0$）和高超声速风洞（$Ma ≥ 5.0$）。一般而言，试验段气流速度越大，风洞尺寸也越大。也有一些其他的风洞分类形式，如低速风洞试验段的"开/闭口"、直流或回流；超声速风洞的"下吹""吹吸""引射"等驱动形式。也有按照风洞用途来进行分类的，如汽车风洞、建筑风洞和桥梁风洞，这类风洞经常需要模拟大气边界层的影响。

## 二、 场地设施条件

由于风洞用途不同，建设所需的设施条件也不尽相同。在此，以北京市第三十五中学建设的风洞实验室为例，介绍常见的低速回流风洞的构造原理和常用配置设备。

### （一）风洞构造及原理

#### 1. 概述

北京市第三十五中学建设的风洞是由沈阳航空航天大学流体工程研究所团队和北京航空航天大学流体力学所团队共同设计、承建和改造的低速回流开闭两用式风洞，可实现 5～55 m/s 风速的风洞实验。试验段截面为高 1.0 m、宽 1.2 m 的切角矩形，并在试验段内设有弯刀 $\alpha$ 迎角机构和 $\beta$ 角度转盘机构。北京市第三十五中学的低速回流风洞是按照"科研生产型风洞"设计建造的复杂空气动力学模拟系统，其详尽说明如下。

#### 2. 风洞结构

北京市第三十五中学的低速回流风洞全长 15.10 m，宽 6.85 m，最大高度 3.25 m，主要包含：试验段、扩散段（共 3 处）、拐角段（共 4 处）、过渡段（2 处）、动力段、稳定段、收缩段、迎角机构、测试及控制系统共 15 大部分。其结构简图见图 1-1 和图 1-2。

（1）试验段。试验段是安装模型进行试验的区域。试验段的尺寸主要取决于风洞的用途。低速回流风洞试验段的横截面形状是多种多样的，常见的有长方形、正方形和圆形等。低速回流风洞试验段一般分为闭口和开口两种，与闭口试验段相比，开口试验段具有模型安装方便的优点，但流场品质不如闭口好。

北京市第三十五中学的低速回流风洞的试验段为开闭两用式，闭口试验段通过滑轨移开，形成开口试验段，能实现多种风洞实验。其结构见图 1-3。

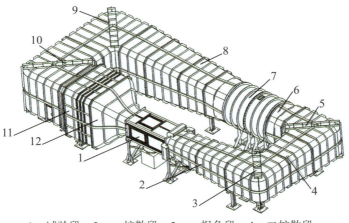

1—试验段　　2——扩散段　　3—一拐角段　　4—二扩散段
5—二拐角段　　6—过渡段　　7—动力段　　8—三扩散段
9—三拐角段　　10—四拐角段　　11—稳定段　　12—收缩段

**图1-1　北京市第三十五中学的低速回流风洞的结构系统图**

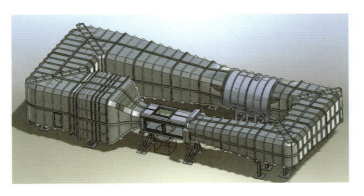

**图1-2　北京市第三十五中学的低速回流风洞的结构外观图**

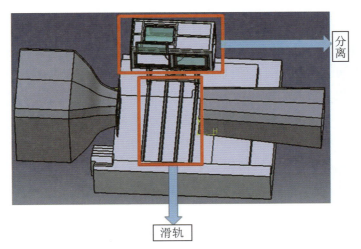

分离

滑轨

**图1-3　开闭两用式试验段**

（2）稳定段、收缩段。为使试验段获得均匀的高品质流场，风洞设置了稳定段对气流进行整流。稳定段内的整流装置可以有效降低气流的湍流度，提高气流的均匀性。稳定段内设置有整流用不锈钢蜂窝器及气流阻尼网，气流通过蜂窝器和阻尼网后，气流中的大漩涡流被切割成小漩涡，并在下游逐渐衰减，达到整流的目的。

稳定段后方的收缩段为对称三维收缩结构。风洞收缩段的型面曲线是由三阶 B 样条曲线拟合而成的专用风洞收缩曲线，它保证了气流在流经收缩段后被均匀的加速，降低气流湍流度，并在试验段入口形成稳定流场，满足实验气流品质要求。稳定段、收缩段的结构见图 1−4。

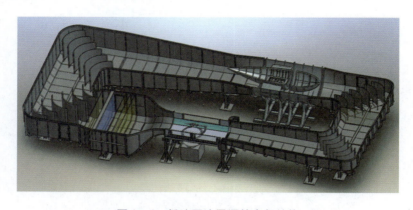

图 1−4　低速回流风洞的内部结构

（3）扩散段、拐角段。风洞的扩散段和拐角段分别担当引导气流和降低气流损失的功能，使气流在风洞回路中能以最节能、最低噪声、满足设计使用要求的速度和方向流动。在风洞的 4 个拐角段中，均设计了拐角导流片结构，详见图 1−4，该结构经过专业的空气动力学计算和设计，可以有效降低气流的拐角损失，进而降低能耗。

（4）动力段。低速回流风洞的动力系统是风洞结构和技术最复杂的部分之一，它为风洞吹风实验提供动力。风洞实验所需要的功率与试验段风速的 3 次方成正比例关系，因此，试验段风速每增加 1 倍，动力系统都将提供超过 8 倍的能量。北京市第三十五中学的低速回流风洞的动力系统由动力段结构内 90 kW 的直流电机带动风扇为风洞提供动力，它包含两大部分：驱动风扇及动力段结构部分、直流电机及调速系统部分，其内部结构见图 1−5。它主要由动力段风洞壁、电机整流罩、90 kW 直流电机、电机冷却系统、风扇桨毂和 8 叶硬铝合金风扇组成。

图1-5 北京市第三十五中学的低速回流风洞的动力段结构

(二)风洞配置设备

1. 风洞试验模型

风洞试验基本都是以试验模型为基础的。一般而言,风洞试验模型需要根据风洞的尺寸、试验目的和测量设备等专门设计并制作,且由于测量风速都比较大,模型一般会选择质地坚硬、不易折断的材料,如铝合金等。

低速飞机标准模型DBM-01是与北京市第三十五中学低速回流风洞配套的设备。它的翼展为351.88 mm,机身长为609.60 mm,配有大、小立尾各1只,全机身由不锈钢经数控精密加工而成,表面镀铬,其实物外观见图1-6。

图1-6 低速飞机标准模型DBM-01

低速飞机标准模型内部可安装 $\phi 24$ 六分量测力天平。在弯刀及尾支杆的带动下，模型可在不同的迎角、侧滑角及风速下进行实验。低速飞机标准模型通过体内的天平接头与天平锥面连接在一起，并由天平紧固螺钉锁紧。

在安装低速飞机标准模型时，需将标准模型的头锥旋下，然后从标准模型的尾部插入天平及支杆，当天平头部插入天平接头时，用天平紧固螺栓锁紧，最后安装低速飞机标准模型的头锥。当拆卸低速飞机标准模型时，先将标准模型的头锥旋下，卸除天平紧固螺栓，然后将天平退位螺栓安装到天平接头上，旋转螺栓将天平顶出，然后将标准模型向前缓慢移动，拔出天平及支杆。低速飞机标准模型的外观和内部结构分别详见图 1-7 和图 1-8。

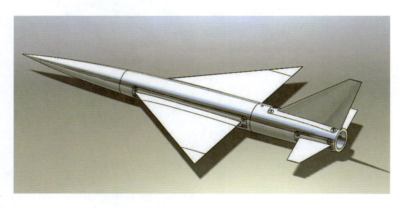

图 1-7　低速飞机标准模型的外观

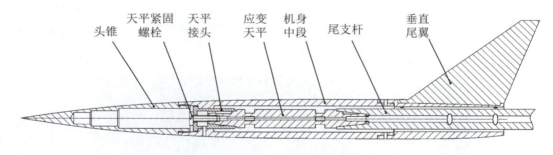

图 1-8　低速飞机标准模型的内部结构

## 2. 杆式六分量应变天平

空气动力天平是用于测量作用在模型上空气动力载荷的一种测量装置，为了表述方便，估且简称天平。天平可以将作用在模型上的空气动力按空间直角坐标系分解成 3 个互相垂直的力和绕 3 个坐标轴的力矩，然后分别加以测量，从而确定作用在模型上空气动力的大小、方向和作用点。通常，天平坐标系的原点 $O$ 位于天平中心，$x$ 轴沿天平中心轴；$y$ 轴在天平的纵向对称面内，垂直于 $x$ 轴；$z$ 轴垂直于天平的纵向对称面，符合右手定则。天平测量的结果通常要转换为用户所需要的坐标系。

天平的种类非常多，有机械天平、应变天平、外式天平、张线天平等。其中应变天平是目前应用最广泛的一种天平，其原理是在天平上安装有6个应变片，应变片按惠斯顿电桥连接，在开风受力情况下，应变片发生形变产生电阻变化，电阻变化导致电流的产生，计算机通过对电信号的处理可以得到不同方向所受到的力和力矩。应变天平属于精密易损设备，在安装和拆卸时需戴手套，在天平不使用时，需在天平外罩上一个保护套，才能放置在天平盒中。天平连线的编址方法使用的是特有的编辫子方式，所以在天平安装时需注意保护天平线的编辫线。在焊接天平线时，须严格按照编辫线焊接接头。

北京市第三十五中学所使用的天平是杆式六分量应变天平，由中国空气动力研究与发展中心校准/测试实验室制造，如图1−9所示。天平型号为10−BHSD6−32，直径为$\phi$32 mm。

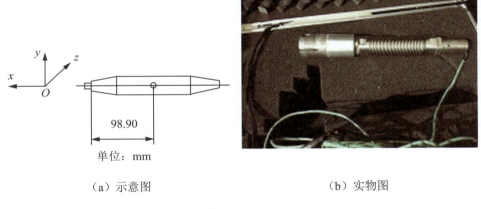

（a）示意图　　　　　　　　　（b）实物图

**图1−9　六分量应变天平图**

### 3. 迎角机构

迎角机构（图1−10）是风洞测量、控制环节中重要的组成部分。在北京市第三十五中学的低速回流风洞中，迎角机构分为弯刀和转盘两部分，分别由高精度三相步进电机驱动，可以通过改变弯刀和转盘的角度改变模型相对于气流的状态。弯刀中心与转盘中线在试验段中心处重合，可以保证在模型姿态改变时，其中心在风洞空间中心的位置不变。弯刀迎角机构和转盘均有蜗轮蜗杆减速机构传动，且带有自锁功能。试验段在安装不同实验件时，可以选择不同的安装方式，当使用天平及尾撑杆进行实验时，须将模型及应变天平安装在弯刀迎角机构上，测试线缆通过天平支杆及弯刀中心孔后经试验段下壁板引出试验段；在使用其他实验模型时，可以将弯刀从迎角机构上拆除，即使用内六角扳手将固定弯刀的螺栓卸下，将弯刀从试验段内抽出即可。

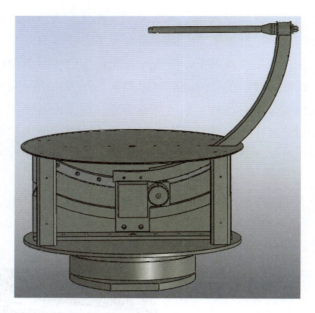

图 1-10　北京市第三十五中学低速回流风洞的迎角机构

### 三、 人员配备条件

风洞实验室需配备 1 名具有流体力学背景的专职科技辅导员和 1 名航空专业兼职科技辅导员，并建立一支 3 人以上的有理科背景的科技辅导员志愿者队伍。

### 四、 容纳学生数量

单次可容纳学生数量 10 人。

### 五、 开放时间

工作日固定时间开放，节假日预约开放。

### 六、 活动内容

（1）风洞基础课程：空气动力学基础、航空概论。
（2）航空实践课程：飞行器布局探究、飞行器设计。
（3）项目探究课程：风洞实验室鼓励学生进行自主探究活动。可在教师指导下制作自己的创意飞行器、创意汽车等模型，并在风洞实验室进行空气动力特性测试。

### 七、 活动形式

个人或小组探究、展示、培训、竞赛、冬/夏令营等。

## 八、 参考文献

[1] 战培国，赵昕. 风洞发展现状及趋势研究 [J]. 航空科学技术，2010 (4)：5—7.

[2] 范洁川. 世界风洞 [M]. 北京：航空工业出版社，1992.

[3] 李周复. 风洞试验手册 [M]. 北京：航空工业出版社，2015.

[4] 中国人民解放军总装备部军事训练教材编辑工作委员会. 低速风洞试验 [M]. 北京：国防工业出版社，2002.

[5] Baals D D，Corliss W R. Wind Tunnels of the Future [M/OL]. [2018 – 09 – 10]. https：//history. nasa. gov/SP – 440/ch8 – 3. htm.

# 第二节　风洞实验活动案例

### 案例 1　风洞实验基础案例：风洞测力试验

测力试验是目前风洞最基础、最常用的试验方法之一。测力试验的一般内容是在飞行速度和姿态角范围内测量全机的气动力（如升力、阻力、测力、俯仰力矩、偏航力矩和滚转力矩等）特性，测量各操纵面（如升降舵或全动平尾、副翼、方向舵和襟翼等）的效率，测量飞行器各部件（如机翼、机身、尾翼、外挂物、起落架、襟翼、减速板、腹鳍等）的气动力特性及相互干扰特性。

## 一、 空气动力学基本参数

通过应变天平测力，我们可以得到模型在不同姿态下的力和力矩，但如何对这些力进行分析呢？下面将简单介绍空气动力学基本参数。

### （一）升力 ($L$)、升力系数 ($C_L$) 及升力曲线

升力 $L$ 是飞机飞行时上下表面压差形成的向上的力。升力由众多因素影响，其与机翼面积 ($S$) 成正比，与气体密度 ($\rho$) 成正比，与相对速度 ($V$) 的平方成正比。将升力与上述影响因素之间进行量纲分析，可以得到一个无量纲量——升力系数 $C_L$ [式 (1–1)]，升力系数能够反映翼型和迎角对升力的影响。

$$C_L = \frac{L}{2\rho V^2 S} \qquad (1-1)$$

升力系数随迎角的变化曲线称之为升力系数曲线（图 1–11），从该图上可以得到以下表征飞机升力特性的几个参数。

（1）零升力迎角 ($\alpha_0$)。升力系数为零的迎角，称为零升力迎角，记作 $\alpha_0$。翼型

对称时，零升力迎角为零；翼型非对称时，零升力迎角不为零。

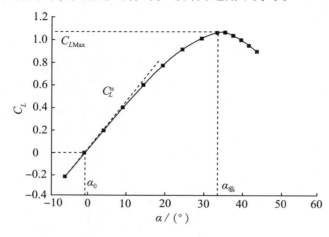

图 1-11　升力系数曲线图

（2）临界迎角（$\alpha_{临}$）和最大升力系数（$C_{LMax}$）。当升力系数从零增加时，出现的第一个局部最大值，称为最大升力系数 $C_{LMax}$。最大升力系数对应的迎角称为临界迎角 $\alpha_{临}$。

最大升力系数 $C_{LMax}$ 越大，飞机的升力特性越好。而临界迎角 $\alpha_{临}$ 表征了飞机可飞行的迎角范围，当飞机迎角大于临界迎角时，飞机会发生失速，所以临界迎角又称为失速迎角。临界迎角越大，飞机的可用迎角范围越大。

（3）升力曲线斜率 $C_L^{\alpha}$。升力系数曲线斜率是指改变单位迎角时，升力系数 $C_L$ 相应的改变量，即 $C_L^{\alpha} = \dfrac{\mathrm{d}C_L}{\mathrm{d}\alpha}$。在中小迎角范围内，$C_L$ 与迎角 $\alpha$ 成线性关系，$C_L^{\alpha}$ 为常数。在中小迎角范围内，$C_L^{\alpha}$ 越大，飞机的升力特性越好。但是在中等至大迎角范围，出现失速时，曲线下降越平缓，飞机的气动特性相对越好；反之，升力曲线下降越陡峭，飞机的气动特性越差。

（二）阻力（D）及阻力系数（$C_D$）

飞机上的阻力 D 按其产生的原因不同可以分为摩擦阻力、压差阻力、诱导阻力和干扰阻力等。摩擦阻力是由于大气的黏性而产生的。空气黏性作用阻滞了气流的流动，因此产生了摩擦阻力。压差阻力与飞机的迎风面积有关系。只要是由于飞机速度的变化导致机翼表面气流变化引起的压强差，都会阻碍飞机向前飞行。诱导阻力是随升力的产生而产生的，又叫做升致阻力。干扰阻力是飞机各个部件组合后由于气流的相互干扰产生的额外阻力。

阻力系数 $C_D$〔式（1-2）〕是一个无量纲量，其大小随迎角的增大而不断增大（图 1-12）。由于导致阻力产生的因素过多，所以一般计算的阻力系数会与实际值有所偏差。在小迎角下，阻力系数较小，且增大得较慢；在大迎角下，阻力系数增大得较快；超过临界迎角以后，阻力系数急剧增大。

$$C_D = \frac{D}{2\rho V^2 S} \qquad (1-2)$$

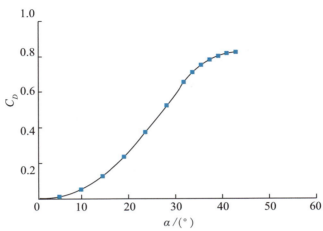

图 1-12　阻力系数曲线

（三）升阻比 $K$

升阻比 $K$ 是升力 $L$ 与阻力 $D$ 的绝对值之比，即 $K = L/D$。升阻比表征了飞机的空气动力学效率，升阻比越大，飞机的空气动力学效率越高。从图 1-13 中可以看出，升阻比的峰值出现在较小迎角的情况下，因此升阻比较大有助于飞机在起飞时减小起飞距离，实现短距起降。

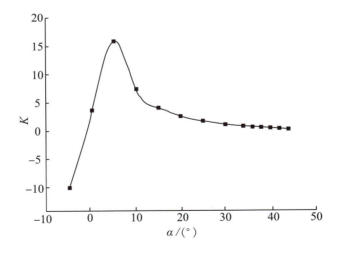

图 1-13　升阻比曲线

## 二、 做一做——完成风洞测力实验报告

**实验目的：**

（1）通过风洞实验了解飞行器空气动力学的基本特性。

（2）了解风洞测力实验方法和试验数据的分析方法。

**实验背景：** 风洞是飞行器设计过程中的一种最为重要的实验设备。利用相对性原理和模型相似性准则，可以通过测量缩比模型在风洞中的受力情况，从而推算得到全尺寸飞机在真实情况下的载荷，并以此分析模型的空气动力学特性。

**实验仪器及设备：** 飞机风洞测力模型、杆式六分量应变天平、控制电脑及软件、迎角机构、风洞。

**实验步骤：**

（1）天平安装和调试。将弯刀机构调整至迎角 $\alpha = 0°$，$\beta = 0°$ 的状态，安装天平，须保证天平体轴系与模型姿态角机构坐标系相一致。在不开风的情况下测试天平，进行零漂检查。在零载荷和室温的情况下，30 min 内天平各分量电桥输出的变化量不大于天平设计量程时的电桥输出值的 0.2%。

（2）天平初值测量。安装模型，在不开风的情况下，按迎角序列（$\alpha = -4°$、$0°$、$4°$、$8°$、$12°$、$14°$、$16°$、$18°$、$20°$、$22°$、$24°$、$26°$、$28°$、$30°$）检测天平数据，并在表1-1中记录天平数据。

表1-1　天平初值测量记录

| $\alpha/(°)$ | -4 | 0 | 4 | 8 | 12 | 14 | 16 | 18 | 20 | 22 | 24 | 26 | 28 | 30 |
|---|---|---|---|---|---|---|---|---|---|---|---|---|---|---|
| 升力系数 $C_{L0}$ | | | | | | | | | | | | | | |
| 阻力系数 $C_{D0}$ | | | | | | | | | | | | | | |

（3）采集试验数据。开风，设定风速为 30 m/s，等风速稳定后，按上一步相同的迎角序列检测天平数据，并在表1-2中记录天平数据。

表1-2　试验数据记录

| $\alpha/(°)$ | -4 | 0 | 4 | 8 | 12 | 14 | 16 | 18 | 20 | 22 | 24 | 26 | 28 | 30 |
|---|---|---|---|---|---|---|---|---|---|---|---|---|---|---|
| 升力系数 $C_{L1}$ | | | | | | | | | | | | | | |
| 阻力系数 $C_{D1}$ | | | | | | | | | | | | | | |

(4）绘制升力和阻力曲线。用表 1 – 2 中的升力系数 $C_{L1}$ 和阻力系数 $D_{L1}$ 减去表1 – 1 中的升力系数 $C_{L0}$ 和阻力系数 $D_{L0}$，得到模型实际的升力系数和阻力系数，然后将得到的实际升力系数和阻力系数设为纵坐标，迎角设为横坐标，绘制升力曲线、阻力曲线和升阻比曲线。

### 案例 2　风洞实验室创新实验项目案例：边条翼飞机空气动力学特性探究

### 一、　选题背景

边条机翼气动布局最早出现在 20 世纪 70 年代。它是在机翼前方的细长边条，现在主要运用于战斗机上。边条翼的有利作用，一方面来源于其能够产生涡升力，另一方面对于推迟机翼气流分离的发生和发展也起着重要作用。此外，边条翼形状狭长，有利于增加飞机机翼的面积，从而会相应的增加飞机的升力，特别是在大迎角时，边条翼可以大幅度地提高全机的升力。

目前，世界上使用边条翼的飞机较典型的有 F/A – 18、苏 – 27、苏 – 35 和 JF – 17 等。其中苏 – 27 在边条翼以及大推动比的作用下，首次完成了令世人惊叹的"普加乔夫眼镜蛇"（使飞机在一瞬间迎角超过 90°，远大于其失速临界迎角）机动，这样的突破无疑归功于边条翼的作用。边条翼的增加是二代战机发展到三代战机的显著变化，正因为这一改变，不禁引人思考，边条翼是否真的能够对飞机的气动性能产生巨大的影响？它又是如何对飞机的气动性能产生影响的？因此，有必要开展对边条翼的风洞试验课题研究。

### 二、　研究目的和思路

为了探究边条翼的空气动力学特性，首先，设计了 5 个边条翼模型和 1 个基准模型；其次，对不同的边条翼模型分别进行了风洞测力试验，并通过分析试验结果，深入探究边条翼的空气动力学特性，找到影响边条翼气动性能的主要参数；最后，进行边条翼的水洞流场显示试验，并通过与风洞测力试验进行对比分析边条翼的流动机理。

### 三、　试验模型和设备

#### （一）风洞试验模型

##### 1. 机身模型（基准模型）

风洞试验基准模型见图 1 – 14。其主要布局特点：平板三角翼加平板机身，无边条、无尾翼。其中三角翼的前缘掠角 $x$ = 53°。

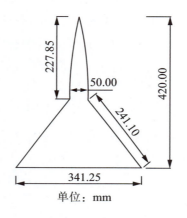

单位：mm

图 1 - 14　风洞试验的基准模型

## 2. 边条翼模型

　　试验采用 5 个不同前缘后掠角（$\theta$，图 1 - 15）的边条翼模型，如图 1 - 16 所示，图中黑色三角形部分为边条翼模型。边条翼模型参数见表 1 - 3。该模型与基准模型通过间距为 65.41 mm 的 2 个铆钉连接。

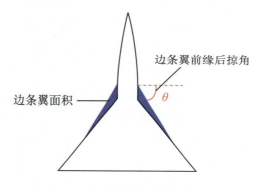

图 1 - 15　边条翼前缘后掠角的示意图

表 1 - 3　边条翼几何参数

| 模型 | 边条翼前缘后掠角 $\theta$/（°） | 增加的边条翼面积/m² | 总面积/m² |
|------|------------------------|-------------------|-----------|
| S1 | 60 | 0.00326 | 0.049005 |
| S2 | 65 | 0.00331 | 0.049062 |
| S3 | 70 | 0.00332 | 0.049065 |
| S4 | 75 | 0.00321 | 0.048964 |
| S5 | 80 | 0.00262 | 0.048367 |

（a）模型S1　　　　　　（b）模型S2　　　　　　（c）模型S3

（d）模型S4　　　　　　（e）模型S5

图1-16　不同前缘后掠角 $\theta$ 的边条翼模型

（二）水洞试验模型

由于水洞的试验段横截面积（0.4 m×0.4 m）小于风洞的试验段横截面积（1.02 m×0.76 m），所以水洞试验模型选用了70°（模型 S3）、75°（模型 S4）和80°（模型 S5）3 个典型的边条翼风洞模型进行缩比（在分析风洞测力结果后设计）。在水洞模型设计中，为了突出显示边条翼涡和主翼涡之间的关系，排除机身的干扰，故将机身前部分去掉，只保留边条翼和主翼 2 个三角形，形成双三角形模型，如图 1-17 所示。

（a）模型S3　　　　　　（b）模型S4　　　　　　（c）模型S5

图1-17　水洞试验模型

（三）试验设备

（1）北京市第三十五中学的低速回流风洞实验室。

（2）杆式六分量应变天平。

（3）北京航空航天大学 D5 水洞实验室。

（4）北京航空航天大学低雷诺数流动显示水槽实验室：试验段长度为 6000 mm，截面为 400 mm×400 mm 的正方形，收缩比为 4:1，湍流度 $\varepsilon \leqslant 1\%$，显示试验流速为 $V_0 = 0.15$ m/s。

（四）试验方法

风洞测力试验：试验中，模型通过连接件与天平相连，侧装于迎角机构上，变侧滑角 $\beta$ 为迎角 $\alpha$ 进行风洞试验的测量（图 1-18）。天平输出信号以电信号的方式传递至电脑进行数据处理，进而转换成力和力矩。测力时，首先设定试验风速为 10 m/s，当风速稳定后，在 0°～40° 迎角之间有规律地变化迎角并进行升力、阻力和力矩数据的采集。1 个模型共采集 19 个迎角。

图 1-18　模型侧装测力

水洞流场显示试验：在被观测的流场中设置若干个点（本试验选取 4 个点），在这些点上不断释放加入染料的液体，模型随流过该点的流体微团一起往下游流去，而流过该点的所有流体微团组成了可视的染色线（图 1-19）。

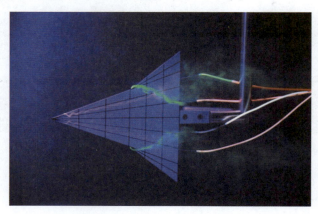

图 1-19　染色线流动显示试验

## 四、 结果分析和讨论

### （一）边条翼升力特性分析

风洞试验中分别测得了 6 组试验模型（基准模型和边条翼模型 S1 ~ S5）在 19 个迎角下的升力系数，如图 1 - 20 所示。

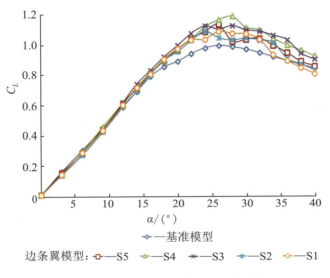

图 1 - 20　不同模型的升力系数曲线

由图 1 - 20 可以看出，迎角 $\alpha \leqslant 16°$ 时，安装边条翼的模型与基准模型的升力系数基本重合，呈现线性变化规律，与此对应的流场基本没有明显变化。

当 $\alpha > 16°$ 时，升力系数曲线开始出现非线性变化，此时边条翼的作用也体现出来了。当 $16° < \alpha \leqslant 24°$ 时，升力大体趋势均在上升，且边条翼模型的升力系数均大于基准模型升力系数。

运用式（1 - 3）可以计算出边条翼提升最大升力系数的百分比。

$$f_1 = \frac{C_{L边} - C_{L基}}{C_{L基}} \qquad (1-3)$$

式中，$C_{L边}$ 为加边条翼后所得的最大升力系数；$C_{L基}$ 为基准模型的最大升力系数；$f_1$ 为加入边条翼后升力系数的增加量占基准模型升力系数的百分比。

计算 $f_1$ 并绘制柱状图，如图 1 - 21 所示。由图中可以看出，不同边条翼模型对最大升力系数都有明显提升，最小提升了 9%，最大提升了 19%。在模型 S1 ~ S4 中，升力系数随着边条翼后掠角 $\theta$ 的增大而逐渐变大；但在前缘后掠角为 80°（模型 S5）时，升力系数出现下降的现象。

通过以上分析可知，边条翼可以明显提升最大升力系数，改善升力特性，并且提高临界迎角，扩大飞机可用飞行迎角范围。其中，模型 S4（前缘后掠角为 70°）较基准模型的改善效果最明显，最大升力系数提升了近 20%，最大临界迎角提高了 4°。

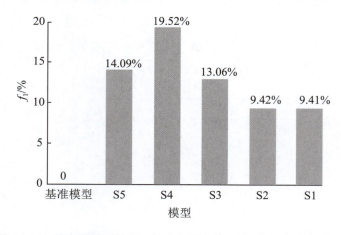

图 1-21　边条翼模型升力系数升高量占基准模型升力系数的百分比

（二）边条翼效率分析

从升力随迎角变化的曲线来看（图 1-22），升力随边条翼模型的不同而不同。由式（1-1）可知，升力不仅受气动布局变化的影响，边条翼所增加的模型面积（表1-3）也会导致升力的增大。

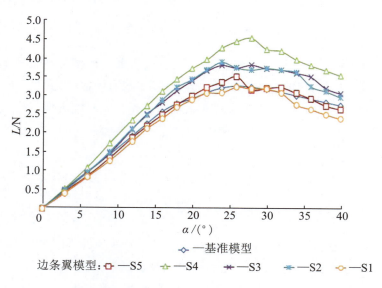

图 1-22　基准模型与边条翼模型的升力随迎角的变化

在风洞试验中试验风速一直控制在 10 m/s 左右，基本保持不变，因此可以基本排除风速对升力的影响；在安装不同边条时，空气密度也没有发生变化，因此从式（1-1）可以看出，此时影响升力特性的似乎只有面积。而在图 1-20 的升力系数曲线中可以发现，模型 S4 的增升效果最明显，但模型 S4 增加的面积并不是最大的。在此，设定边条效率系数 $f_{效率}$ 来比较各模型因前缘后掠角的不同对升力的影响，其定义见式（1-4）。

$$f_{效率} = \frac{(C_{L边}/S_{总}) - (C_{L基}/S)}{C_{L基}/S} \qquad (1-4)$$

式中，$S_{总}$ 为机身、机翼和边条翼相加的总面积；$S$ 为基准模型的面积。$f_{效率}$ 的概念是（带边条的机翼单位面积产生的升力系数 - 基准模型单位面积产生的升力系数）/基准模型单位面积产生的升力系数。若 $f_{效率} > 0$，则说明升力系数的增大不仅仅是因为飞机改变气动布局同时增大面积所导致的，而且还受其他因素的影响，如边条翼涡等。

　　将数据处理后，以基准模型边条效率系数 $f_{效率} = 0$ 为基准线，绘制条形图（图 1-23）。从图中不难看出，边条翼模型 S2~S5 的效率均大于 1，而边条翼模型 S1 的效率却小于 0，因此，在边条翼选择上要选择前缘后掠角大于 60° 的边条翼。由此分析得出，除了增大面积所带来的升力增大以外，还有其他外力作用于边条翼模型上，也就是气体在流过边条翼时产生的涡升力。为了进一步检验涡升力的存在，将进行流场显示的观测。

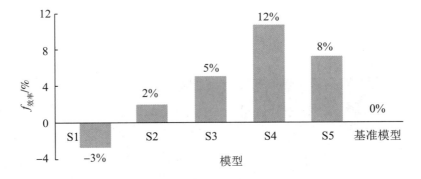

图 1-23　边条翼模型的 $f_{效率}$ 比较

（三）流场显示试验分析

　　综上分析可知，边条翼提高飞机的升力特性不仅仅是因为增大了面积，还有如边条翼涡的影响。为进一步分析边条翼涡的影响，本项目设计了水洞染色线流场显示试验。

　　图 1-24~图 1-26 分别给出了边条翼模型 S3、S4 和 S5 在 $\alpha = 12°$、26°、38° 时的水洞染色线流场显示结果。

　　从图 1-24 中可以看出，边条翼涡在 12° 迎角就已经产生，并发展至模型尾部，此时边条翼涡没有破裂，主翼涡一产生就和边条翼涡缠绕在一起；当迎角为 26° 时，边条翼涡在主翼前缘附近就发生破裂；当迎角为 38° 时，破裂点提前到边条翼的前端。

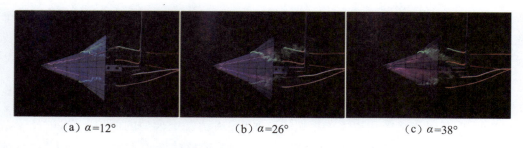

（a）$\alpha=12°$　　　　　（b）$\alpha=26°$　　　　　（c）$\alpha=38°$

图 1–24　边条翼模型 S3 在不同迎角情况下的水洞染色线显示

从图 1–25 中可以看出，边条翼涡虽然也在 38°迎角发生破裂，但与边条翼模型 S3 相比，破裂点向后移了。

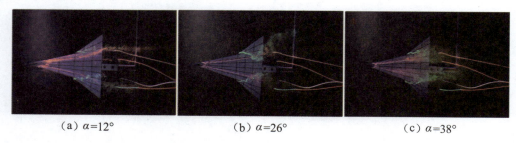

（a）$\alpha=12°$　　　　　（b）$\alpha=26°$　　　　　（c）$\alpha=38°$

图 1–25　边条翼模型 S4 在不同迎角情况下的水洞染色线显示

从图 1–26 中可以看出，与边条翼模型 S4 类似，边条翼模型 S5 也只在 38°迎角时观察到边条翼后部的涡破裂，在 26°和 12°迎角时边条翼涡没有发生破裂。

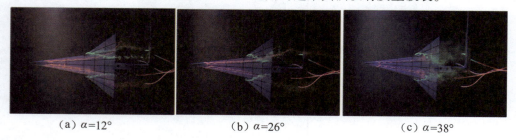

（a）$\alpha=12°$　　　　　（b）$\alpha=26°$　　　　　（c）$\alpha=38°$

图 1–26　边条翼模型 S5 在不同迎角情况下的水洞染色线显示

综上可知，边条翼模型 S3 的边条翼涡在 26°迎角附近就发生了涡破裂，而边条翼模型 S4、S5 的破裂点均有向后移动，基本都在模型尾部。结合图 1–20 分析可知，模型 S4 的升力系数在 26°迎角时大于模型 S3，这可能与涡破裂位置有关，涡破裂位置越靠后，升力越大；但模型 S5 的升力系数小于模型 S4，这可能与涡的强度有关，但从流场显示图中观察不明显。

以上分析了不同边条翼模型分别在小迎角、中等迎角和大迎角下的流场显示图，而流场变化和单个模型的升力系数曲线关系还不太清楚，下面将以边条翼模型 S4 为例进行分析。从图 1 − 27 中可以看出，边条翼模型 S4 的临界迎角大约在 28°，但从图 1 − 28 中可以看到，在迎角大于 28°后，边条翼涡发生明显的破裂。由此可知，边条翼涡的破裂会使升力下降。

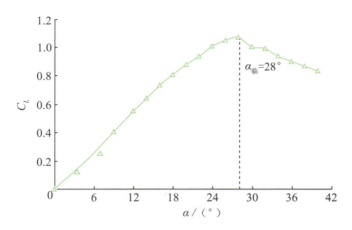

图 1 − 27　边条翼模型 S4 的升力系数曲线

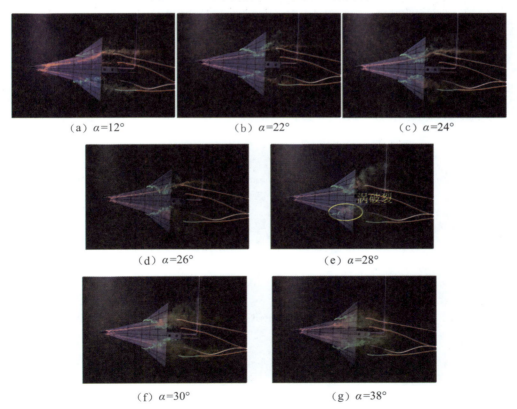

（a）$\alpha$=12°　　　　　　（b）$\alpha$=22°　　　　　　（c）$\alpha$=24°

（d）$\alpha$=26°　　　　　　（e）$\alpha$=28°

（f）$\alpha$=30°　　　　　　（g）$\alpha$=38°

图 1 − 28　边条翼模型 S4 在不同迎角下的水洞流场显示

## 五、 结论

（1）通过对基准模型及边条翼模型的风洞试验研究可以发现，边条翼能明显增加模型的升力特性，提高临界迎角。其中，边条翼模型 S4 对基准模型的改善效果最明显，最大升力系数提升了约 20%，最大临界迎角提高了 4°，升阻比大于其他边条翼模型。

（2）边条翼模型 S1～S4（前缘后掠角 60°～75°）的升力随着边条翼前缘后掠角的增大而增大，临界迎角也随之提升，但边条翼模型 S5（前缘后掠角 80°）的升力特性却稍有下降。

（3）分析边条效率系数 $f_{效率}$ 可知，边条翼对升力的提升不仅与其增加的边条翼面积有关，而且还与边条翼产生的边条翼涡有关。

（4）对比边条翼模型 S3、S4 和 S5 的流场图可以看出，模型 S3 的边条翼涡在 26° 迎角时于模型中部就发生涡破裂，而模型 S4 和 S5 的边条翼涡破裂点都在模型尾部。

（5）通过水洞流场显示试验可知，当 $\alpha = 28°$ 时，边条翼模型 S4 的后部可观察到边条翼涡的破裂；结合该模型的升力系数曲线可知，该模型升力曲线下降与边条翼涡发生破裂有关。

## 六、 参考文献

［1］李成智. 飞机机翼的发展［J］. 机械技术史，1998（0）：420—424.

［2］Gibbs-Smith C H. The Aeroplane：An Historical Survey of Its Origns and Devlopment［M］. London：H M S O，1960.

［3］Prichard J L. The Dawn of Aerodynamics［J］J Roy Aero Soc，1957，61（555）：149—180.

［4］夏雪渝，周丹杰，麻树林. 前体边条控制技术应用［J］. 空气动力学学报，1997，15（1）：1—3.

［5］刘谋诘，吕志咏，等. 边条翼及旋涡分离流［M］. 北京：北京航空学院出版社. 1988.

［6］Williams D R. A Review of Forebody Vortex Control Scenarios［R］. AIAA97－1967，1997：1—3.

［7］钱丰学，梁贞桧. 边条翼布局战斗机稳定性改进研究［J］. 飞行力学，2002，20（2）：55—61.

［8］Fears S P，Ross H M，Moul T M. Low-speed Wind-Tunnel Investigation of the Stability and Control Characteristics［M］. NASA Langley Technical Report Sewer，1995.

［9］方宝瑞. 飞机气动布局设计［M］. 北京：航空工业出版社，1997.

［10］Marchman J F, Terry J E. The Impact of Strakes on a Vortex-flapped Delta Wing [C] //Applied Aerodynamics Conference, Fluid Dynamics and Co-located Conference. USA：AIAA，1983.

附：教师点评

本项目的选题是由一名高中生在高一下学期时通过对飞机图片观察发现并提出来的。该同学根据风洞模型设计要求自行设计了一系列边条翼的风洞试验模型并在教师指导下进行了试验。在模型设计和风洞试验过程中，这名同学遇到了不少难题，如一开始模型材料选择太脆导致试验时模型断裂，模型连接处设计不合理，试验时数据处理参数没选对，试验过程中数据出错等。在克服了重重困难后，该研究才基本完成。通过一段时间的课题探究，这名学生不仅通过试验和学习掌握了空气动力学的基本知识和风洞实验方法，更是锻炼了他分析问题、解决问题的能力，培养了他勇于探索、不怕困难、严谨认真的科学态度和精神。

本项目作为高中生的空气动力学创新性课题，充分利用了风洞、水洞等一系列探究设备，并将风洞测力数据和水洞流显数据对比进行试验，既有数据分析又有现象对比，包含了比较好的科学探究性和严谨性。尤其是这名同学的数据分析，不仅比好坏，而且找原因。他提出的所有推论都基于所得实验数据，如从边条翼效率数据分析中发现和推断边条翼涡的影响，再设计水洞试验进行验证。该项目中的每一项试验设计都能依据一定的数据或理论基础，而不是盲目设计。当然，本项目中还有很多不足之处，如边条翼模型设计不够合理，风洞模型和水洞模型在数据联系上还缺少一些验证实验等。

# 第二章　制作航空模型

## 导引

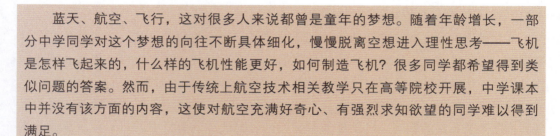

　　蓝天、航空、飞行，这对很多人来说都曾是童年的梦想。随着年龄增长，一部分中学同学对这个梦想的向往不断具体细化，慢慢脱离空想进入理性思考——飞机是怎样飞起来的，什么样的飞机性能更好，如何制造飞机？很多同学都希望得到类似问题的答案。然而，由于传统上航空技术相关教学只在高等院校开展，中学课本中并没有该方面的内容，这使对航空充满好奇心、有强烈求知欲望的同学难以得到满足。

　　航空实验室将航空技术通过科技探究实验室的载体带入中学课堂，不仅能够满足同学们的愿望，而且对普及航空技术也是一项意义深远的尝试。为了能够适应中学同学的知识结构和接受能力，航空实验室将大学航空专业课程中一部分相对易于实现，并比较有趣的内容加以提炼，用最直接的方式呈现给同学们。

## 第一节　航空实验室的配置

### 一、　活动目标

　　开展航空技术课程，一方面可以满足学有余力的同学对接触航空的渴望，另一方面可以通过具体的探究性课题使中学生初步掌握科学研究方法及基本流程，初步建立科学研究意识，在课题探究中培养和提高探索精神、观察能力、动手能力、思维能力以及创造能力，并充分激发学生对航空科技的兴趣。此外，还可为未来有志报考大学航空专业的同学提供职业规划指导，培养学生投身于航空事业的志向。

## 二、场地设施条件

### （一）场地条件

航空实验室应具备可无偿使用、实用面积为 80 m² 的固定活动场所，以及开展活动所必需的基础条件，如操作台、计算机、多媒体视频、实验桌椅、电源接口等。

### （二）设施条件

#### 1. 飞行模拟器

（1）塞斯纳 172 型通用航空飞机模拟器（图 2 - 1）。其型号为 FS - C172 V1，主要功能如下。

1）真实模拟塞斯纳 172R 型通用飞机气动特性与驾驶舱界面。

2）能够模拟各种气象条件。

3）具备全球主要机场的真实数据。

4）仿真座舱 32 寸显示器（三屏三维显示）。

5）仿真驾驶盘、脚蹬。

6）带配平手轮。

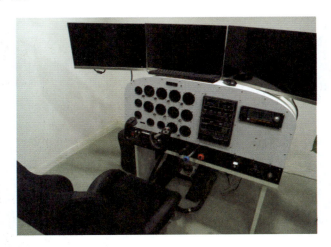

图 2 - 1　塞斯纳 172 型通用航空飞机模拟器

（2）F/A - 18 战斗机模拟器（图 2 - 2）。其型号为 F/A - 18C V1，主要功能如下。

1）真实模拟 F/A - 18 战斗机气动特性与驾驶舱界面。

2）能够模拟各种气象条件。

3）具备全球主要机场的真实数据。

4）仿真驾驶盘、脚蹬。

5）带配平手轮。

图 2 - 2　F/A - 18 战斗机模拟器

### 2. 高性能设计计算服务器 SC748TQ - R1400B

高性能设计计算服务器 SC748 TQ - R1400B（图 2 - 3）的主要参数包括：中央处理器（CPU），4620V2 ×4；内存，16G ×8（128G）；硬盘，240GSDD + 6T；显卡，影驰 1G。

设计预装飞行器的相关软件具备以下功能。

1）设计流体力学相关学科的计算。

2）设计飞行器气动外形。

3）设计结构部件。

4）将零部件三维图纸转换为加工图。

5）分析飞行器总体性能等。

### 3. 计算流体力学软件

无网格粒子法大涡模拟计算软件——Xflow 是基于无网格、拉格朗日粒子和大涡模拟技术最近新兴的计算流体动力学（CFD）软件（图 2 - 4）。其省去了划分网格的过程，能真实地分析复杂几何运动物体，大大提高了流体计算效率和水平。Xflow 能够在工程实施、设计和科学研究领域简单地处理传统的复杂 CFD 问题。

图 2 - 3　高性能设计计算服务器

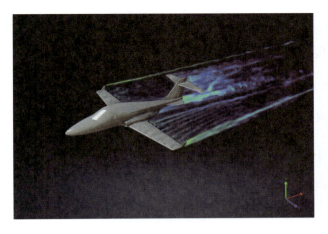

图 2-4  计算流体力学软件

### 4. 精密高速激光切割机 CLS3500-1200-80

精密高速激光切割机 CLS 3500-1200-80（图 2-5）的主要参数包括：工作台面，1200 mm×600 mm；激光防护，全封闭广利保护装置；激光功率，80 W；有效加工速度，30 m/min；重复定位精度，0.025 mm。

图 2-5  精密高速激光切割机

### 5. 高精度三维立体打印机 CubeX

高精度三维立体打印机 CubeX 的主要参数包括：外形尺寸，515 mm×515 mm×598 mm；机器质量，6 kg；打印尺寸，275 mm×265 mm×240 mm；打印材料，丙烯腈-丁二烯-苯乙烯（ABS）塑料，聚乳酸（PLA）塑料；层厚，0.10 mm 或 0.25 mm 或 0.50 mm。

## 三、人员配备条件

航空实验室需配备 1 名具有航空专业背景的专职科技辅导员和 1 名兼职科技辅导

员，并建立一支 3 人以上的科技辅导员志愿者队伍。

## 四、 容纳学生数量

单次可容纳学生数量 20 人。

## 五、 开放时间

工作日固定时间开放，节假日预约开放。

## 六、 活动内容

航空实验室的活动内容主要包括以下课程。

（1）普惠型——趣味活动体验课程，各类小型飞机模型的制作。

（2）拓展型——动手实践制作活动。

（3）课题研究型——项目探究课程。其主要是各类功能型飞行器的设计、制作与调试试飞等。这类课程难度较大，需要系统地学习课题相关的专业基础知识，并具有较强的动手能力和一定的数理基础，主要针对学有余力且对航空技术感兴趣的高中生开展。

## 七、 活动形式

个人或小组探究、展示、培训、竞赛、冬/夏令营等。

# 第二节　航空实验室活动案例

### 案例 1　航空实验室基础活动案例

## 一、 遥控纸飞机航模的制作和试飞

很多人都有自己得意的纸飞机叠法，但什么样的纸飞机能飞得稳、飞得远，其背后隐含着众多空气动力学原理。本活动通过将纸飞机改造成遥控飞机的过程，能对各种空气动力学原理进行比较直观的定性了解；通过制作和试飞遥控纸飞机模型，可了解简单飞行器的基本结构和操纵方法。

**实验材料：** KT 板（主要成分为聚苯乙烯）、椴木层板（已利用激光切割机切好）、碳管、电机、电池、电子调速器、连杆钢丝等。

**实验步骤：**

（1）教师讲授遥控纸飞机的基本制作方法和试飞方法。

（2）同学们根据自身已知的折叠纸飞机的方法，在教师的指导下设计各自纸飞机的外形和结构。

（3）同学们分组进行遥控纸飞机的制作。

（4）教师带领同学们在操场进行遥控纸飞机的试飞。

（5）前后调整模型飞机的重心进行试飞。

**思考题：**

重心前后调整会对模型飞机产生什么样的影响？为什么会产生这样的影响？

## 二、 木制遥控飞机模型的制作和试飞

航空模型尺寸虽小，但其结构系统与全尺寸飞机相比并没有太大差别。通过制作和试飞一架常规布局的木质遥控飞机模型，能直观了解飞机的主要结构系统，并培养举一反三的能力。本活动以木质遥控飞机模型的制作和试飞为媒介，了解全尺寸飞机的结构和操纵方法。

**实验材料：**桐木片、轻木片、椴木层板、电机、电池、电子调速器、连杆钢丝等。

**实验步骤：**

（1）同学们分组按照图纸完成木质飞机机身、机翼的拼装。

（2）完成木质飞机模型的蒙膜。

（3）完成动力系统等电子设备的安装。

（4）完成模型的遥控动力系统调试。

（5）外场试飞。

（6）以小组为单位进行思考题的讨论。

**思考题：**

前往北京航空航天大学校内的北京航空航天博物馆，找到蜜蜂 3 轻型飞机，观察它的结构和部件，试分析以下问题：

（1）该机机翼和机身是怎样连接的？

（2）该机如何对副翼、升降舵和方向舵进行操纵，其机械结构是怎样实现的？

## 三、 飞行器控制与模拟飞行仿真

飞行模拟器作为一种新兴的飞行员培训工具，其使用范围正在逐渐扩大。相对于传统飞行员训练方法，飞行模拟器使用成本较低的优点十分突出。除了由加速度带来的过载感觉尚无法真实模拟外，飞行模拟器几乎能够将飞行过程中发生的各种情况进行十分真实的模拟。

**实验设备：**塞斯纳 172 型通用航空飞行模拟器。

**实验步骤：**

（1）教师向同学们讲解塞斯纳 172 型通用航空飞机的基本情况，并熟悉驾驶舱仪表。

（2）由教师示范本场起落标准无边航线。

（3）在教师的指导下，每名学生依次练习模拟器，体验飞机飞行的感觉。

\*（4）在资金允许的情况下，在同学们熟悉模拟飞行后，组织同学们赴北京附近通用航空机场实地体验真实飞行。

**思考题：**

（1）飞机起飞的时候为什么要踩方向舵？

（2）如果起飞后一直拉杆的话飞机会出现什么情况？

（3）如何正确地飞出失速状态？

### 案例 2　航空技术制作探究活动拓展案例

学生在教师的指导下完成具有一定使用功能的小型无人机设计制作。可实现的功能可以为：创意设计、航拍摄影、定点空投等。

### 一、　实验概述

**实验名称：** 设计制作创新飞行器（以"涵道尾撑式短距起降飞行器"为例）。

**实验目的：** 以小组的形式设计制作一架航模飞机，包括总体设计、强度与气动分析、详细设计，通过加工组装、调试、试飞，从总体上熟悉飞机设计制作的全部流程。

**实验方案：**

（1）进行概念设计，以创新为主，确定方案：涵道尾撑式飞行器。

（2）确定飞机总体外形布局及各部件的总体参数。

（3）重心和焦点的计算。

（4）详细设计，包括各个部件、动力系统的设计。

（5）经过核算强度和刚度之后，加工组装。

（6）联合调试，试飞。

**实验仪器及设备：** 激光切割机，组装试验台，502 胶水、AB 胶、轻木、层板、碳管（直径为 1 cm）、纤维板、2814 电动机（3 个）、舵机（6 个）以及相应机载电源附属设备。

## 二、 活动报告

### （一）方案的展示与筛选（概念设计）

根据资料调研，小组学生初步讨论常规布局、倒"V"形双尾撑、涵道式固定翼飞机、轻型滑翔机（可带动力装置）等方案，如图2-6所示。

（a）常规布局　　　　　　（b）倒"V"形双尾撑　　　（c）倒"V"形双尾撑结构图

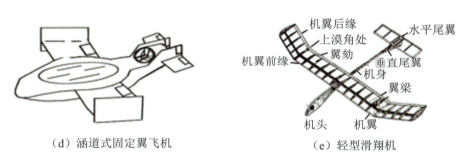

（d）涵道式固定翼飞机　　　　　（e）轻型滑翔机

图2-6　方案设计图

**讨论结果：** 结合创新性的目的，最终淘汰几种常规型设计方案，选择"带涵道式的固定机翼"，并希望通过设计，能实现飞机模型的短距离起降。

### （二）方案总体设计

#### 1. 设计原则

方案确定好后，开始总体设计，参照总体设计的要求，其设计原则如下。

（1）飞机最大起飞质量不超过3.5 kg，翼展不大于2 m，中央涵道可承载1.5 kg的载荷。

（2）中央涵道不打开时也能进行模型飞机的试飞。

（3）模型飞机的试飞高度应当控制在地面遥控能接收的范围内，不宜过高。

（4）考虑模型飞机舵机和电池的装载位置，以保证更好的结构质量分配，减少配重。

（5）模型飞机的结构应当在满足强度、刚度、空间布置的要求下，尽可能的轻。

（6）由于增加了中央涵道，所以产生了反扭矩，为了克服反扭矩，采用垂尾打向一个舵偏来平衡涵道反扭矩，所以要求各操纵面（副翼、升降舵、方向舵）的效率要足够高。

（7）由于增加了涵道，故要求机身有较好的流线和足够的强度，以便承载中央涵道和机翼传来的力。

### 2. 总体参数

经过讨论和小组成员的参数计算，模型飞机的总体设计图和总体参数见图2-7和表2-1。

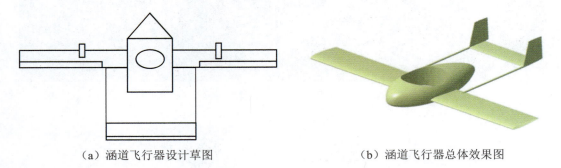

（a）涵道飞行器设计草图　　　　　　　　（b）涵道飞行器总体效果图

图2-7　模型飞机的总体设计图

表2-1　总体设计参数

| 起飞质量/kg | 功重比/（W·N$^{-1}$） | 翼载荷/（g·cm$^{-2}$） | 尾撑长度/mm | 尾撑间距/mm |
| --- | --- | --- | --- | --- |
| 3.5 | 6 | 1.04 | 450 | 400 |

中央涵道在机身前部正中间位置，水平方向的2个电机布置在机翼上（左右各1个），机身两边为平直机翼，且机身采用圆滑的外形，尾翼通过双尾撑连接到机翼上，这样可以减轻结构的重量，既满足了控制，又提高了尾翼的气动效率。尾翼采用双垂直尾翼（以下简称"垂尾"），并布置在水平尾翼（以下简称"平尾"）左右两侧。起落架采用"前三点式起落架"。

### 3. 飞机详细设计

飞机详细设计主要包括机身设计、机翼设计、垂尾设计、平尾设计、起落架设计、直接件设计。同时需要确定飞机结构重量、重心以及发动机等参数。

（1）机身的设计。由于增加了中央涵道，所以机身的设计是最复杂的。本方案采用的虽然也是框架结构，但是与常规的机身相比还是有很大的区别。由于机身要承载电池、中央涵道、机翼和尾撑传来的载荷，机身自身的气动载荷，起落架的力，所以机身采用了全层板结构。机身整体外形为流线形，虽然对蒙皮工艺造成了难度，但既美观又能减阻。而且为了保证结构的一体性，本方案做了一根1.5 m的碳杆连接机翼和机身，这样不仅加强了机翼和机身的整体性，而且也增强了机身自身的强度。中央涵道采用玻璃纤维板材料，既便于卷折也十分美观可靠。

为了满足电池的可拆卸要求，且鉴于重心的考虑，需要将电池放在机头部分，所以本方案采用了"可拆卸式机头"设计。细节的部分还有很多，如为了加强机身，本方案设计了一个加强板，这样既能满足机身维形的形成，也可将机翼传来的扭矩均匀地传到机身上，对结构强度有很大的好处；为了满足起落架安装的要求，本方案留有起落架空间，详细讲解在本部分第（5）小点。机身效果见图 2 – 8。

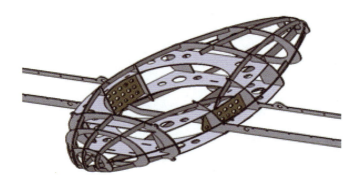

图 2 – 8 机身效果图

（2）机翼的设计。通过文献调研，本方案选择了 NACA4415 翼型作为飞行器的机翼翼型。该翼型具有较高的最大升力系数和较低的阻力系数，其具体参数见表 2 – 2。

表 2 – 2 机翼设计参数

| 翼型 | 展弦比 | 根梢比 | 面积/mm² | 展长/mm | 弦长/mm | 襟副翼展长（单侧）/mm | 襟副翼位置 | 襟副翼弦长/mm |
|---|---|---|---|---|---|---|---|---|
| NACA4415 | 6 | 1 | $2.4 \times 10^5$ | 1200 | 200 | 520 | 自翼尖起 | 50 |

根据机翼设计参数，在 CATIA 中进行建模，其中相邻翼肋间隔为 100 mm，且在端部和电机、尾撑处均采用了加强翼肋。为了保证翼肋和前梁、后墙的紧密连接，本方案采用了卡式连接，即将翼肋后部镶嵌到后墙专门开设的卡口里，这样保证了翼肋是整体的，而不是前后分段的。卡槽不仅起到了固定作用，还起到了定位作用。由于翼梁和后墙也是机身的零件，所以加上碳管，就可将机翼和机身牢固地连接在一起。为了提高根部翼梁的强度，本方案设计了加强片，加强片的强度也是层板材料。机翼整体有两根纵向的碳管，这样能使机翼承载的力有很大一部分直接传递到机身处，从而有效防止机翼因过载而断裂。双碳管结构不仅增加了机翼的抗弯强度和刚度，也极大提高了机翼的抗扭刚度。

（3）垂尾的设计。垂尾不仅要用来保证飞机的纵向稳定性的，而且在设计方向舵时还要保证在飞行过程中能产生一个抵抗中央涵道反扭矩的扭矩。所以垂尾需要具有足够的强度和刚度以满足要求。垂尾设计的具体参数见表 2 – 3。

表 2 – 3  垂尾设计参数

| 翼型 | 面积/mm² | 高度/mm | 根部弦长/mm | 上端弦长/mm | 尾力臂/mm | 尾容量 | 舵面高度/mm | 舵面弦长/mm | 舵面面积/mm² |
|---|---|---|---|---|---|---|---|---|---|
| NACA0010 | $3.75 \times 10^4$ | 150 | 150 | 100 | 500 | 0.031 | 150 | 30 | $9 \times 10^3$ |

通过 CATIA 进行三维建模。为保证垂尾的结构强度和刚度，本方案采用层板材料制作垂尾。

（4）平尾的设计。平尾主要用于保持飞机在飞行过程中的稳定性和控制飞机的飞行姿态，其内部结构与机翼十分相似。由于本方案采用的设计是将平尾固定在碳管两侧，所以水平安定面的设计均采用了轻木，且轻木可以满足对平尾强度和刚度的要求。平尾设计的具体参数见表 2 – 4。

表 2 – 4  平尾设计参数

| 翼型 | 面积/mm² | 展长/mm | 弦长/mm | 尾力臂/mm | 尾容量 | 舵面展长/mm | 舵面弦长/mm | 舵面面积/mm² |
|---|---|---|---|---|---|---|---|---|
| NACA0010 | $4.8 \times 10^4$ | 400 | 120 | 500 | 0.3 | 400 | 30 | $1.2 \times 10^4$ |

（5）起落架的设计。起落架采用"前三点式"布置，基本上和常规设计一致。由于总体设计时前起落架的设计应该是在重心前 250 mm 处，正好在机头位置，而本方案的机头是可拆卸的，为了避免飞机着陆时机头垂向力过大导致机头折断（鉴于强度的考虑），本方案将前起落架布置在机头稍靠后一点的位置，同时为了满足条件，前起落架和水平方向有一个夹角。为此，本方案专门设计了一个盒子，通过卡槽的设计将其布置在机身的竖直和水平隔框上。对于后起落架，本方案设计了一个卡槽片，通过将后起落架与卡槽片连接，再将卡槽片和机身连接，将其固定在机身上。主起在重心后 5 cm 处，高度约 15 cm，主轮距 40 ~ 50 cm，前起落架在重心前 25 cm 处。起落架的效果见图 2 – 9。

图 2 – 9  起落架的效果图

（6）连接件的设计。模型飞机各零件之间主要通过连接件连接形成整体，其中主要需要考虑的是碳管和机身的连接、尾翼之间的连接、各个发动机的连接、舵机的连接。

　　碳管和机身的连接采用了圆孔粘连型式。碳管穿过设计在前梁和后墙上的专门为碳管留下的孔，与机身连接。其中，碳管同时穿过两个孔可保证其抗弯性，再用胶水固定，可使碳管不会转动或前后移动。碳管局部连接见图 2 – 10。

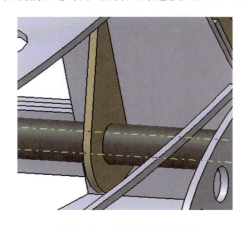

图 2 – 10　碳管局部连接图

　　平尾、垂尾和碳管的连接通过一个特制的长条形连接件实现。其每个面都有减轻孔和定位孔。

　　发动机的连接为盒式连接。每个发动机都配制了一个小盒子（图 2 – 11），通过将盒子固定到相应的位置便将发动机进行了固定。其中，根据助教老师提供的建议，为了保证中央涵道足够牢固，本方案设置了底部卡片和碳棒，使盒体和机身能结合得更加牢固。

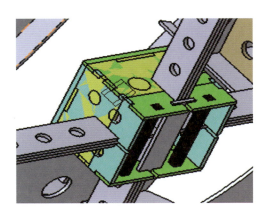

图 2 – 11　动力座设计

　　舵机也是通过小连接件连接的。每个舵机都配有一个用层板加工的小连接件，将其固定至相应的位置便可固定舵机。

全机效果见图 2 – 12。

图 2 – 12　全机效果图

（7）全机重量估算。通过 CATIA 进行建模，对各个部位加附材料，计算出结构的总质量为 1.8 kg。

### 4. 模型飞机加工与组装

总结模型飞机各个部件所用的材料，见表 2 – 5。

表 2 – 5　各部件所用材料

| 部件 | 机身 | 机翼 | 平尾 | 垂尾 | 舵面 | 尾撑 | 连接件 | 起落架 | 蒙皮 |
|---|---|---|---|---|---|---|---|---|---|
| 材料（加强的部位用层板） | 层板 + 玻璃纤维板 | 碳管 + 层板 + 轻木 | 轻木 | 层板 | 轻木 + 层板 | 碳管 | 层板 | 铝合金 + 碳管 | 热缩膜 |

（1）加工。飞机各部件通过航空实践基地提供的木材进行制作，利用激光切割机完成所有零件的加工。

（2）组装。组装大概分为以下几步。

1）对机身和翼梁、后墙进行组装，并上胶固定。

2）对翼肋进行组装，并上胶固定。

3）对平尾和垂尾进行组装，并上胶固定。

4）对各个发动机和舵机进行组装和固定。

5）对尾翼和各个舵面进行蒙皮。

6）对尾撑进行固定。

7）调试电机和舵机。

8）对机身和机翼进行蒙皮。

9）检查并准备试飞。

组装过程用到的工具主要包括：刻度尺、刻刀、砂纸、螺丝刀、锉刀、钳子、工作平台、台虎钳、502 胶和 AB 胶、电熨斗、电吹风等。

此外，教师需额外提供的材料有：电动机、舵机、电调、连接线、延长线、舵脚等。

（3）下面详细介绍几个主要的组装过程。

1）机身的组装。机身是所有部件和设备的结合体。由于设计的整体性以及与卡槽位置的极精准配合，机身的装配十分轻松、可靠，可直接按照设计的三维图进行装配。机头和机身的连接为螺钉连接，由于机头主要是起维持气动外形和拆卸的功能，并不承受太大的力，所以通过4个耳片就能将其与主机身牢固地结合在一起。

机身、机头的装配过程如下。

①先进行翼梁、后墙与机身两大水平隔框的连接，并将两边的加强板镶嵌进去。

②将机身其他条状部件进行装配。

③机头的装配和机身类似。

④检查并上胶。

注：为了装线和调试方便，中间涵道的维形板是最后加上去的。

机身的装配相对简单，但其内部还需安装舵机和电机的线路等，所以不能蒙皮，需在飞机调试完成后才能开始蒙皮。由于设计的整体性较强、安装卡槽位置很精确，所以装配后的机身十分对称（装配过程中，实验小组成员采用悬挂法测量了机身的重心，发现重心在机身中间的对称面上）。

2）机翼的组装。机翼的组装也比较简单，由于翼梁和后墙上均开设了定为槽和定位孔，所以只需将加工好的翼肋按照定位槽和定位孔的位置安装好即可。有的孔比较紧，可用砂纸进行打磨，这样磨口会配合的比较严实。

其具体步骤如下。

①根部加强片的粘接。

②按照卡槽和定位孔将翼肋布置好，卡紧。

③前缘木条的加装（用502胶进行粘接）。

④整体上胶。

注：首先将"长碳管"按照预留的洞依次穿过每个翼肋，有些地方需要打磨，使碳管整体穿过两个机翼和机身，并用胶水固定。"短碳管"的安装方法相同，但不贯穿机身，而是左右各一根，并用胶水粘牢。这样，整个机翼安装的十分牢固，与机身结合的也十分坚实。蒙皮在调试结束后进行。

3）尾翼和舵面的组装。尾翼部分和机翼类似，不再赘述。舵面的制作与机翼也大体相同，但需要注意副翼的制作要分清后缘翼肋的上下面，以免粘反。此外，为了加强舵面的抗扭能力，本活动在蒙皮前对副翼、方向舵进行了蒙板，如图2-13所示。

4）起落架的组装。根据起落架需要的尺寸，通过互联网购物平台购买了后起零件，而前起落架主要是自制完成。利用教师提供的配件将前起落架打磨后加装在碳管上，并用一个斜置—垂直转换盒实现其前倾30°的要求。

（a）制作机身

（b）制作机翼

（c）制作尾翼

（d）全机组装完成

图 2－13　整机制作过程

（三）参考文献

［1］马丁·西蒙斯. 模型飞机空气动力学［M］. 北京：航空工业出版社，2007.

［2］孙聪，王向明. 现代战斗机机体结构特征分析［M］. 北京：航空工业出版社，2007.

［3］马丁·西蒙斯. 模型飞机空气动力学［M］. 北京：航空工业出版社，2007.

［4］徐建安. 私人轻型飞机飞行基础：美国 FAA 地面操作学习指导［M］. 北京：中国科学技术出版社，2004.

# 第三章　瞭望航天科技

## 导引

　　人类自古以来就对太空充满了好奇和憧憬。自20世纪50年代，苏联发射世界上第一颗人造地球卫星，开创人类航天新纪元以来，人类在宇宙探索的道路上越走越快。进入21世纪，航天科技已成为一门高度综合的尖端科学技术，是一个国家科学技术先进水平的重要标志，对社会发展影响巨大。

　　航天实验室拥有"天宫一号"与"神舟九号"交会对接实验平台、微小卫星实验平台以及业余卫星无线电地面演示实验平台。学生可以在教师的指导下学习观看载人航天交会对接实验以及安装在三轴转台上的微小卫星系统的演示实验，也可以在业余卫星无线电地面演示实验平台中开展无线电通信实验与数据分析。

　　航天实验室的活动主要以课程和课题的形式开展。课程分为基础课程和专业课程：基础课程主要介绍航天技术概论，专业课程则是根据学生的选题方向讲解必备的专业基础知识。课题则是航天及其相关领域的探究性课题，由学生以个人或小组的形式选择感兴趣的方向，从选题、文献查阅、开题、课题研究直到结题答辩，体验一个完整的科学研究过程。根据学生知识层次和年龄段的不同，上述活动可以有选择性的开展。

## 第一节　航天实验室的配置

### 一、活动目标

　　航天实验室的活动目标是希望能够建立系统的航天基础课程体系，使中学生全面了解航天科技及其前沿技术，进而通过具体的探究性课题使中学生初步掌握科学研究方法及其基本流程，初步建立科学研究意识，在课题探究中培养和提高探索精神、观察能力、动手能力、思维能力以及创造能力，并充分激发学生对航天科技的兴趣，培养学生投身于航天事业的志向。

## 二、场地设施条件

### （一）场地条件

航天实验室应具备可无偿使用、实用面积为 80 m² 的固定活动场所，以及开展活动所必需的基础条件，如航天实验演示操作平台、计算机、多媒体视频、实验桌椅、电源接口等。

### （二）设施条件

#### 1. "天宫一号"与"神舟九号"交会对接实验平台

航天实验室的空间交会对接实验平台（图 3 – 1）由"天宫一号"模拟船、"神舟九号"模拟船、多自由度悬吊及其遥控系统组成。可提供的演示与探索实验项目主要包括：自主/手动交会对接、空间机械臂自主/手动抓取、组合体模拟飞行等。

图 3 – 1　"天宫一号"与"神舟九号"交会对接实验平台

（1）"天宫一号"模拟船的组成与功能。"天宫一号"模拟船由船体结构系统（图 3 – 1 中的右侧飞船）、交会对接装置（电磁铁机构）、视觉传感器系统、两自由度空间机械臂组成。其中，船体结构系统作为交会对接任务的载体，具有空间 3 个线位移自由度，能够在程序控制和遥控手柄控制下沿着三自由度导轨自由运动。交会对接装置主要与"神舟九号"模拟船上的交会对接装置完成对接任务。视觉传感器系统能够观测到视场内对接目标的位置，并通过无线传输模块传输到显示终端，辅助进行手动交会对接。两自由度空间机械臂能够在程序控制和遥控手柄控制下完成对"神舟九号"模拟船的抓取任务。

（2）"神舟九号"模拟船的组成与功能。"神舟九号"模拟船由船体结构系统（图 3 – 1 中的左侧飞船）、交会对接装置（电磁铁机构）、视觉传感器系统组成。其中，船体结构系统作为交会对接任务的载体，具有空间 3 个线位移自由度，能够在程序控制和遥控手柄控制下沿着三自由度导轨自由运动。交会对接装置主要与"天宫一号"模拟船上的交会对接装置完成对接任务。视觉传感器能够观测到视场内对接目标的位置，并通过无线传输模块传输到显示终端，辅助进行手动交会对接。

（3）多自由度悬吊及其遥控系统的组成与功能。多自由度悬吊及其遥控系统由导轨［图 3 – 2（a）］、电机［图 3 – 2（b）］、控制器及控制程序［图 3 – 2（c）］、无线模块遥控手柄［图 3 – 2（d）］等组成。能够在程序控制和遥控手柄的控制下提供"天宫一号"模拟船与"神舟九号"模拟船三自由度的运动，并在程序控制下完成"天宫一号"模拟船与"神舟九号"模拟船组合体飞行的控制任务。

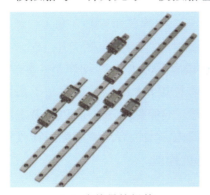

（a）直线导轨组件

（b）驱动电机

（c）控制驱动器

（d）无线模块遥控手柄

图 3 – 2　多自由度悬吊及其遥控系统

"天宫一号"与"神舟九号"交会对接实验平台可开展的实验任务如下。

（1）学习和了解航天工程系统的基本组成和功能原理。以"天宫一号""神舟九号"为例，学习和了解航天飞行器的系统组成、各分系统的结构形式及功能特点。

（2）学习和掌握交会对接的基本内容，学习交会对接过程中涉及的天体动力学基础知识，包括刚体动力学的基础知识和轨道动力学的基础知识。

（3）学习利用空间交会对接控制台完成模拟模型的自动交会对接任务。

（4）学习利用遥控手柄完成模拟模型的手动交会对接任务。

（5）利用所学的机械臂动力学知识，在一定简化条件下，编制"天宫一号"模拟船上所携带机械臂的运动程序，完成机械臂对"神舟九号"模拟船的自动抓取。

（6）利用遥控手柄完成"天宫一号"模拟船上的机械臂对"神舟九号"模拟船的手动抓取。

（7）采用 C 语言或 Matlab 语言，编制简单的运动控制程序，完成"天宫一号"模拟船与"神舟九号"模拟船组合体的模拟飞行。

### 2. 微小卫星实验平台

航天实验室的微小卫星实验平台主要由三轴转台、微小卫星、地面站 3 部分组成，包含的子系统有：微小卫星结构与机构子系统、星上电子系统以及地面站子系统。其中，微小卫星由主星、重力梯度杆（盘绕式伸展臂，或简称盘压杆）和子星 3 部分构成，见图 3 - 3。发射时，子星收拢在主星的收纳筒内；入轨后，锁紧机构释放重力梯度杆，子星从主星中伸展出来，形成整星的重力梯度构型。

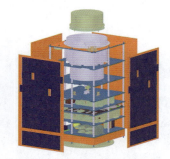

（b）子星收拢在主星收纳筒内

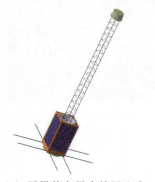

（a）微小卫星整体构型　　　　（c）子星从主星中伸展出来

图 3 - 3　微小卫星结构与机构子系统

航天实验室基于微小卫星实验平台可开展的实验任务如下。

（1）了解国内外微小卫星的发展现状。

（2）学习和掌握微小卫星的组成、结构形式、电子系统及功能特点。

（3）通过实验操作，掌握正确的卫星操控方法，实现重力梯度杆的展开，主子星分离；通过指令控制，实现对卫星的姿态控制；在轨成像，完成指令上传和图像数据下传功能。

（4）掌握相关软件的使用方法并进行二次开发。

利用微小卫星实验平台，通过对微小卫星软件、硬件的交互操作和演示，可以对微小卫星的系统组成、姿态运动、工作原理进行展示；利用虚拟现实技术、软硬件交互技术，可以加强对卫星结构组成、轨道、姿态等知识的理解与掌握。

### 3. 业余无线电地面演示实验平台

航天实验室的业余无线电地面演示实验平台的实验设备为一套完整的业余无线电地面站系统，其工作频段范围：特高频（UHF）频段为 435 ~ 438 MHz，甚高频（VHF）频段为 144 ~ 146 MHz。业余无线电地面演示实验平台可用于完成对低地球轨道（LEO）业余无线电通信卫星信标信号的接收与解调，并通过接收到的数据确定卫星的运行状态，由此加深中学生对卫星各子系统运行的实时状态的了解。此外，还可以通过业余无线电卫星上的转发器与全球其他地方业余无线电爱好者进行语音通信。

业余无线电地面演示实验平台的 U/V 波段地面站见图 3 – 4。图中右侧机柜的最底层为主机，中间层为电台（图 3 – 5），最上层为转换电源。

图 3 – 4　地面站机箱

图 3 – 5　电台

地面站中的电台型号为 IC－9100，软件为 Ham Radio Deluxe 软件。此外，它还包括 Satellite Tracking 部件以及 Digital Master 780 部件，前者可对卫星进行跟踪，后者可以接收卫星信号并解码。

基于业余无线电地面演示实验平台可开展的实验任务如下。

（1）了解业余无线电通信的基础知识。

（2）了解实验系统的构成以及各部分的功能。

（3）熟悉实验设备的操作，包括硬件和软件。

（4）利用实验设备接收业余无线电卫星信号。

（5）对业余无线电卫星信号进行解调、解码和分析。

## 三、 人员配备条件

航天实验室需配备 1 名具有航天专业背景的专职科技辅导员和 1 名兼职科技辅导员，并建立一支 3 人以上的科技辅导员志愿者队伍。

## 四、 容纳学生数量

单次可容纳学生数量 20 人。

## 五、 开放时间

工作日固定时间开放，节假日预约开放。

## 六、 活动内容

航天实验室的活动内容主要包括以下课程。

（1）普惠型——趣味活动体验课程：航天实验室实验平台演示与实践、航天科技概论、卫星导航系统等。这些课程属于航天科普课程，采用课堂教学与课题研究相结合的方式，以课堂教学为主，可采用多媒体教学、演示实验、专家讲座、参观学习等多种教学方式。主要教学目的是普及与介绍航天基础知识，为以后开展各项航天实验活动提供基本必要的理论基础知识背景。

（2）拓展型——基础探究课程：航天器纸模型制作、纸火箭设计与制作、"希望一号"小卫星模型制作、月球基地模型设计与制作等。这些课程属于实践动手制作类课程。学生学习了解课题相关的航天基础知识后，进行创意设计与动手制作。课程难度较探究性课程低，有较强的趣味性，比较适合面向初中生开展。

（3）课题研究型——项目探究课程。这类课程难度较大，需要系统地学习与课题相关的专业基础知识，并具有较强的动手能力和一定的数理基础，主要针对学有余力且对科技感兴趣的高中生开展。目前开展过的课程有：微小卫星教具模型的设计与制作、基于STK（Satellite Tool Kit，即卫星工具包）的卫星飞行轨迹仿真技术、业余无线电卫星数据测控与数据分析、坎菲尔德连接器的设计与制作、单星定位演示仪的制作、功能模拟卫星的设计与制作等。

## 七、 活动形式

个人或小组探究、展示、培训、竞赛、冬/夏令营等。

## 八、 航天实验室的建设案例

航天实验室利用建设完成的载人航天交会对接实验平台、微小卫星实验平台以及业余无线电地面演示实验平台向中学生普及航天科普教育，同时还设计开展了一些航天及其相关领域的课题研究活动，为对航天感兴趣且学有余力的学生进行更深层次的探究性课题研究提供了有利条件。通过开发多种面向不同层次学生的课程，航天实验室将高端的航天技术引入了中学课堂，不仅能够满足同学们走进航天科技的愿望，对普及航天技术而言也是一项意义深远的尝试。

目前，航天实验室每年可供数百名学生进行实验室课程学习，为中学生的航天科普教育、航天探究课题实践活动以及航天兴趣的早期培养提供了强有力的支撑。航天实验室长期与高校在实验室建设及课程开设上开展多方面合作。同时，实验室辅导员也积极参加各类航天科普与科技教师培训，希望能够充分发挥和利用航天实验室平台，探索初中、高中、大学衔接的跨校、跨学段、跨学科青少年科技创新人才的培养方式，探索开发适合中学生的航天特色课程，激发广大青少年对航天科技知识的兴趣和爱国热情，培养学生的科学兴趣与创新能力。航天实验室全貌见图3-6。

图3-6 航天实验室全貌

# 第二节　瞭望航天科技活动案例

## 案例 1　瞭望航天科技基础活动案例：纸火箭的设计与制作

### 一、活动背景

航天科技的发展离不开运载火箭。火箭技术是人类进入太空的金钥匙，是目前人类探索太空能够使用的运载工具之一，已经成为航天科技研究及应用的主力军。因此，研究火箭技术具有重要意义。本活动首先引导学生查找资料、自主学习，学生在了解运载火箭的发展历程、飞行原理、结构组成、设计方法等知识的基础上，分小组完成静态与动态火箭模型的设计、制作与发射任务，并计算火箭脱离发射装置时的相关参数。

### 二、活动目标

（1）熟悉世界火箭发展历史。

（2）了解火箭飞行原理及其结构系统。

（3）掌握火箭模型的制作方法和发射技巧。

（4）利用运动学公式计算火箭速度与加速度。

（5）激发学生热爱航天科学的精神，提高学生的动手能力及独立思考问题、解决问题的能力。

### 三、活动时长

6~8 课时。

### 四、活动人数

30 人。

### 五、活动所需器材

卡纸、剪刀、裁纸刀、圆规、透明胶带、双面胶、橡皮泥、彩笔、颜料、火箭发射装置。

## 六、 活动过程

### （一）火箭基础知识调研与学习

引导学生查找资料，学习了解火箭基础知识，具体包括：世界火箭发展情况、火箭以及多级火箭的变质量飞行原理、火箭的结构组成、火箭的设计特点与设计方法等。分小组进行组内分工与讨论，调研目前公开的世界各国的主流火箭，查找火箭的各项参数和结构外形特征以及该火箭的运载能力，填写如表3－1所示的火箭参数调研表。

表 3－1　火箭参数调研表

| 火箭型号 | 尺寸 | 节数 | 质量 | 运载能力 |
| --- | --- | --- | --- | --- |
|  |  |  |  |  |
|  |  |  |  |  |
|  |  |  |  |  |
|  |  |  |  |  |
|  |  |  |  |  |

### （二）静态与动态火箭模型的设计与制作

以火箭设计师的身份进行火箭总体设计。在图纸上绘制出静态仿真火箭模型，可以选择以某种火箭为例，具体要求如下。

（1）详细绘制火箭的各个主要部件，并注明各个部件的作用。

（2）描述火箭进入太空后是怎样一级一级分离的，即火箭的飞行过程。

（3）静态模型要逼真美观，火箭相关数据要详细准确。

教师展示火箭发射装置，提出任务以及评比标准，要求学生利用给定的材料，并参照火箭发射装置，设计能够发射的创意火箭。学生分组自行设计，并制作出火箭模型。制作完火箭模型后可以对其表面进行美化，并具体描绘各个功能部件。

### （三）火箭发射、数据记录与处理

各组完成火箭模型的制作后，教师带领学生熟悉火箭发射装置的使用，组织学生进行试飞，并根据飞行情况对火箭模型进行改进。

使用火箭发射装置和秒表完成火箭的发射与数据记录工作。

将火箭发射装置加压至压力 $P = 551.6$ kPa，记录下火箭飞至最高点的时间 $t_0$，及火箭从发射到落回地面的时间 $t_1$，测量火箭在发射架上的长度 $L$（图3－7），将数据记录在表3－2中。

表 3 – 2    火箭参数记录

| 序号 | $t_0$ | $t_1$ | $t$ | $L$ | $V_1$ | $a$ |
|---|---|---|---|---|---|---|
| 1 | | | | | | |
| 2 | | | | | | |
| 3 | | | | | | |
| 4 | | | | | | |

教师带领学生复习匀变速直线运动中的典型案例——竖直上抛运动，学生利用高中物理所学的运动学公式处理实验数据，计算得到火箭升空时的瞬时启动速度 $V_1$ 与火箭离开发射装置的瞬时加速度 $a$。

数据处理过程：

（1）求 $t$。在实际操作中，测量出的火箭飞至最高点的时间 $t_0$ 误差较大，因此火箭飞至最高点的时间 $t$ 需要通过计算得到。忽略空气阻力，$t$ 可以近似取为火箭从发射至落回地面所用时间的一半，即 $t = \frac{1}{2} t_1$。

将 $t$ 与前面记录下来的 $t_0$ 做一个比较，并分析原因。

（2）求 $V_1$。$V_1$ 是火箭离开发射装置的瞬时速度，由于火箭飞至最高点的速度值为 0，故有 $0 = V_1 - gt$，其中 $g = 10 \text{ m/s}^2$，由此可以求出 $V_1$。

（3）求 $a$。由 $V_1^2 = V_0^2 + 2aL$，可以求出火箭离开发射装置的瞬时加速度 $a$，其中 $V_0$ 是火箭起飞前的初速度，为 0。

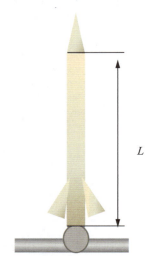

图 3 – 7    火箭在发射架上的示意图

思考：本活动制作的纸火箭与真正的火箭在飞行原理上有什么不同？

（四）创意海报的设计与制作

交流展示评比环节，学生分组制作海报，将制作火箭模型的整个过程与收获展示在海报上。具体要求如下。

（1）海报中要展示火箭的基本知识、飞行原理、结构组成等。

（2）海报中要配有火箭模型制作过程的照片。

（3）海报中要有数据处理过程以及结果分析。

（4）海报中要展现收获、感想、制作过程中遇到的问题以及解决方法。

## 七、 安全注意事项

为保证安全，在使用火箭发射装置进行火箭发射的过程中要做到以下几点。

（1）火箭发射需在老师的引导下，按正确的步骤完成。

（2）加压过程中，注意压力不要过大，不能超过827.4 kPa。

（3）活动过程中不可嬉戏玩闹。

### 案例2　瞭望航天科技创新实验项目案例：微小卫星教具模型的设计与制作

#### 一、研究背景

随着航天技术的日益发展，卫星作为最主要的航天器，已深入人们的生活，各国发射的人造卫星占航天器发射总数的90%。人造卫星是目前发射数量最多、用途最广、发展最快的航天器，是人类探索、开发和利用宇宙空间最主要的工具，它在人类生活与经济发展中起到了举足轻重的作用。人造卫星可以用于科学研究、天气预报、通信、导航、军事侦察等诸多领域。然而，随着卫星技术与应用的不断发展，卫星由最初的84 kg发展为超过6000 kg的大型卫星，其制造难度和发射成本大幅提升。制造1颗1000 kg以上的卫星，其成本为1亿～20亿美元，而一颗100 kg以下的小卫星，成本可缩减到100万～200万美元，并且大卫星可以实现的功能，小卫星也同样可以实现。如果改变传统大卫星"一星多用"的思想，由若干颗小卫星来替代一颗大卫星，甚至可以获得高于一颗大卫星的技术性能。因此，微小卫星因其成本低、开发周期短等优点，近年来其发展越来越快。在对地观测卫星中，微小卫星所占比重越来越大，约已占到发射卫星总数的1/2。世界各国，包括许多第三世界国家都在发展自己的小卫星产业。

由于卫星可以给人类生活、经济发展带来巨大的推动作用，北京市第三十五中学开设了航天科技知识校本课程，其中有关卫星方面的内容得到了同学们的广泛关注。但是，由于大多数同学对卫星知之甚少，特别是卫星的内部结构、工作原理等知识比较抽象，仅通过口头描述以及简单的动画演示并不能有效地帮助同学们理解这些较为抽象的专业内容。因此，学校希望能通过立体教具将这些内容变得易于理解，但又由于目前市场上卫星相关的模型教具数量少、功能差，不适合日常教学及科普工作。因此，学校选择自制卫星教具模型，将小卫星结构功能直观地呈现在同学们及大众面前，以便科普教学。

#### 二、研究目的与思路

为解决在学习生活中发现的关于航天科普教学上遇到的相关问题，在学习了卫星总体设计、有效载荷设计等知识的基础上，本项目设计了一款新型多功能微小卫星教具模型。本项目所开发的卫星教具模型预期将达到以下技术指标。

（1）实现卫星自旋功能。

（2）具有多种有效载荷。

（3）无线控制，实现不同有效载荷。

（4）顶部安装摄像头等设备。

（5）主体外形尺寸：100 mm×100 mm×150 mm。

本项目计划利用激光切割、三维（3D）打印技术和 Arduino 开发平台等技术制作卫星模型，并实现小卫星结构功能的可视化，制作出便于教学演示且观赏性较强的卫星教具模型。

### 三、器材与方法

器材：计算机、激光切割机、3D 打印机、123D Design 软件、AutoCAD 软件、Arduino 开发平台。

方法：对于辅助教学的卫星模型来说，首先要求能简单明了地展示卫星内部结构及功能，由于需要实现不同的有效载荷，所以可以采用层式结构将卫星的不同位置及功能进行划分，以便于安装及演示。同时，在卫星底部固定电机，通过电机的转动带动卫星绕轴转动。为使模型在具有功能性的同时坚固且轻便，因此外壳和内部隔断的材料主要采用激光切割及树脂材料 3D 打印进行制作。

以卫星设计的原则为导引，进行分步设计。

第一阶段：检索资料，学习知识，分析问题，进行卫星结构的初步设计。

第二阶段：对卫星结构及有效载荷进行设计，使用 AutoCAD 和 3D 打印软件进行外观设计并制作。

第三阶段：完成内部电子模块的设计与安装。

第四阶段：完善卫星模型有效载荷的控制程序，并对其进行调试。

### 四、研究过程

#### （一）卫星模型主体结构的设计与制作

卫星的结构形式因具体用途不同而有所不同，但一般都有承力结构、外壳、安装部件、天线结构、太阳能电池阵等组成部分。本模型在外形上以中国航天科技集团有限公司旗下的中国东方红卫星股份有限公司自主研制的我国首颗青少年科普卫星"希望一号"为基础，采用八边形作为外观模版。首先，利用 AutoCAD 软件设计并绘制出卫星的结构图纸（图3-8）。然后，以亚克力板和桦木板为材料进行激光切割。切割完毕后，使用热熔胶将各部分进行黏合，并将磁铁固定在木制侧面，在顶盖与各个隔板上加固磁铁，实现各面均可开合，方便演示。最后，在木制侧面粘贴模拟的太阳能电池贴纸，完成外壳制作（图3-9）。

单位：mm

图 3 - 8　微小卫星模型设计图纸

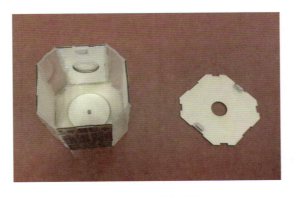

图 3 - 9　外壳完成图

### （二）卫星姿态控制系统的模拟实现

卫星姿态控制是其控制系统的一个重要组成部分，大致可分为两大类：自旋稳定和三轴稳定。其中，自旋稳定是一种被动姿态稳定，即卫星绕一个主惯量轴恒速旋转，当星体自旋角动量足够大时，在环境干扰力矩作用下角动量方向的漂移非常缓慢，这种特性就是陀螺定轴性。在人造卫星的机动变轨中也可采用自旋稳定来保持推力方向的稳定。为达到更真实的教学演示效果，本项目模拟了卫星的自旋稳定状态，通过加入一个单独供电且与卫星部分连接的电机实现。首先，利用 123D Design软件对电机托槽进行设计（图 3 - 10）；然后，固定电机与托槽侧壁，将引线与底座加固连接进行供电；最后，在卫星模型底部开孔处安装齿轮并与电机伸出的转动轴啮合，进行转动实验并调整底座配重（图 3 - 11）。

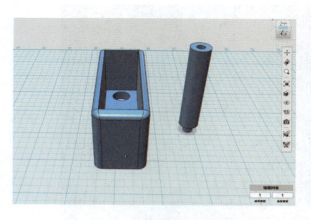

图 3-10　电机托槽的 3D 设计图　　　图 3-11　底座完成效果图

（三）卫星有效载荷的模拟实现

有效载荷即为卫星上所装载的为实现卫星在轨运行要完成各种特定任务的仪器、设备或分系统。它的作用就是直接实现卫星的特定任务，卫星的性质和功能也由有效载荷直接决定。一般卫星上的有效载荷可分为科学探测和实验类、信息获取类、信息传输类和信息基准类。

科学探测和实验类有效载荷是指用于空间探测、观测天体和空间科学实验的仪器设备等，如返回式卫星上进行农作物种子和微生物空间实验所搭载的种子、菌类、植物细胞等。

信息获取类有效载荷是指对地观测的各种传感器，如"资源一号"上的电荷耦合器件（CCD）相机和红外多光谱扫描仪返回式遥感卫星上的胶片相机等。

信息传输类有效载荷是指用于中继通信或单项信息传输的仪器设备和系统，如通信卫星上的通信转发器和天线，遥感卫星上的遥感数据传输设备和数据压缩处理设备。

信息基准类有效载荷是指用于提供空间基准和时间基准的各种仪器，如导航卫星上的高稳定频标，重力场测量卫星上的激光角反射器等。

有效载荷的设计是卫星设计最核心的步骤，一般来说卫星的有效载荷设计需遵守以下原则。

（1）理解用户的需求，正确确定总体技术指标。

（2）研究各种约束条件，科学选择有效载荷方案。除了要满足有效载荷的一般技术外，还要考虑材料、零部件加工、装调、测试能力，研制成本周期等。

（3）从系统出发，合理分配技术指标。

（4）通过仿真和试验来进行验证优化设计。

本项目设计的小卫星模型的有效载荷主要为信息的获取和传输类。卫星内部具有为保障卫星正常工作而设计的温度感应装置，顶端安装有摄像头可进行图像采集，从而实现卫星的侦察功能。有效载荷模块主要包括：MP3 模块、温度感应模块以及摄像头模块。

### 1. MP3 模块

历史上有很多卫星曾将音乐作为人类艺术的载体，将其传播到太空中。如中国发射的第一颗卫星"东方红一号"，就曾在太空中播放歌曲《东方红》；1977 年 8 月 20 日，美国发射的"旅行者 2 号"宇宙探测器也曾将中国的古琴曲《流水》带入太空。因此，在卫星模型中加入可存储音乐的 MP3 模块，以增强卫星模型的功能性、趣味性。

本项目选择的 MP3 播放模块为 ZHONGBEST DFPlayer Mini，小巧且价格低廉，可以直接连接扬声器。模块配合供电电池、扬声器、按键，可以单独使用，也可以通过串口控制。通过简单的串口指令即可完成播放指定的音乐，无需繁琐的底层操作，使用方便，稳定可靠，适合作为日常教学教具使用。MP3 模块的工作示意图及实物连接图见图 3 – 12、图 3 – 13。

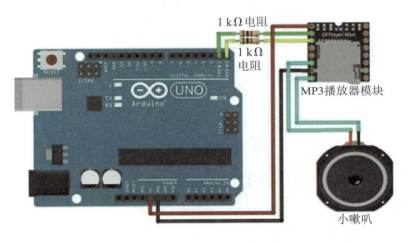

图 3 – 12　MP3 模块的工作示意图

图 3 – 13　MP3 模块的实物连接图

### 2. 温度感应模块

卫星在空间运行，长时间处于高真空和微重力的状态下，往往面临着多变且严酷的环境。在外太空，航天器将受到太阳电磁辐射及地球和大气反射的太阳电磁辐射的加热作用，同时还有地球本身的红外辐射及空间背景对航天器的加热作用。在多方因素的影响下，热力传感设备和热力控制系统是保障航天器正常运行必不可少的元件。温度传感器模块的工作示意图及实物连接见图 3 – 14、图 3 – 15。

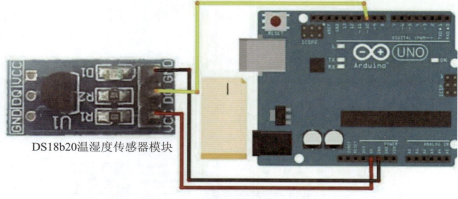

DS18b20温湿度传感器模块

模块：黑—GND　黄—DQ　红—VCC

**图 3 – 14　温度传感器模块工作示意图**

**图 3 – 15　温度传感器的实物连接图**

本项目设计的温度传感器电路连接完成后，通过编写程序进行调试，在电脑上可以显示卫星温度信息，如图 3 – 16 所示。

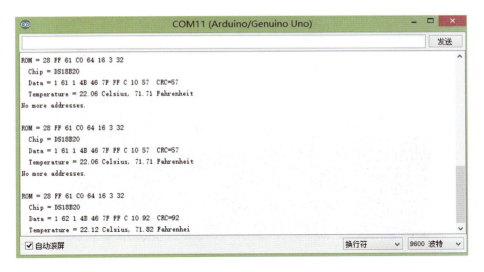

图 3 - 16 温度传感器模块的仿真结果

### 3. 摄像头模块

摄像头作为信息获取类有效载荷在卫星中有着不可替代的地位,在气象卫星、资源卫星、遥感卫星上都必不可少。本项目选择了 OV7670 图像传感器作为微小卫星教具模型的摄像头。它具有体积小、工作电压低、提供单片 VGA (Video Graphics Array) 摄像和具有影像处理器所有功能的特点,通过串行摄像机控制总线协议 (SCCB) 总线控制,可以输出整帧、子采样、取窗口等方式的各种分辨率为 8 位的影像数据。该图像传感器的关键参数见表 3 - 3。

表 3 - 3　OV7670 图像传感器的关键参数

| 功耗工作 | 60mW/15fpsVGAYUV | 视场角/ (°) | 25 |
|---|---|---|---|
| 温度操作范围/℃ | - 30 ~ 70 | 灵敏度/ $[V \cdot (Lux - sec)^{-1}]$ | 1.3 |
| 稳定工作温度范围/℃ | 0 ~ 50 | 信噪比/dB | 46 |
| 光学尺寸/ (″) | 1/6 | 像素面积/$\mu m^2$ | 3.6 × 3.6 |

该图像传感器的 VGA 图像最高可达到 30 帧/秒,且用户可以完全控制图像质量、数据格式和传输方式。所有图像处理功能过程包括伽玛曲线、白平衡、饱和度、色度等都可以通过 SCCB 接口进行编程。图像传感器应用独有的传感器技术,通过减少或消除光学或电子缺陷,如固定图案噪声、拖尾、浮散等,提高图像质量,得到清晰稳定的彩色图像。将摄像头装载到卫星上,并连接到 Arduino 主控板上,利用 Arduino 软件进行编程调试,模拟卫星的对地观测功能,拍摄到的画面见图 3 - 17。

图 3 – 17    卫星摄像头拍摄的画面

#### 4. 整体组装

实现单一有效载荷与外观制作后，本项目进行了模型的整体组装。按照设计理念中的层式卫星结构，将控制板与有效载荷分装在卫星的上下两个舱节中。整体组装完成后的卫星教具模型见图 3 – 18。

### 五、 结论

图 3 – 18    卫星教具模型整体外观

本项目学习研究了卫星的结构系统、有效载荷、总体设计等知识，并利用激光切割机、3D 打印机和 Arduino 开发技术对卫星模型有效载荷进行了设计与实现，制作出了一颗拥有较为完整结构和功能的卫星模型。该微小卫星模型模拟实现了卫星的结构系统、电源系统、控制系统、有效载荷等，具有侦察摄像功能、温度显示功能、通信功能，并能够实现卫星的自旋，有较好的演示效果，观赏性强，便于教学演示，具有较高的实际应用价值。

### 六、 创新点与展望

本项目制作模拟了卫星的结构与功能，一定程度解决了目前市场上卫星模型存在的不足和日常教学中卫星教具缺失等问题。本模型的实现也可为更多面向社会的公共航天教育产生价值，如青少年科技馆等科普场所可将进一步完善后的卫星模型进行放大并配备相应控制程序，作为面向更广大青少年群体的科普工具。因此，本项目制作的卫星模型在生活应用上有着较广阔的应用前景和实际意义。但由于构思和制作的不够完备，目前的卫星模型还有很多不足，实现的功能还不够完整，如除摄像头外，其他载荷仍需传输线与计算机进行互联才能实现，未能实现实时调速等问题。整体来说，此模型还有很大的改进空间，在今后的学习实践中，可进一步改进卫星的外观，丰富卫星的内涵，增加更多有意义的有效载荷，将模型改进为模块化设计，或加入关于卫星轨道的实现，最终制作出高仿真的微小卫星模型，也希望通过未来的努力，使本项目更完整并能实现更多社会价值。

## 七、 参考文献

［1］徐福祥，林华宝，侯深渊. 卫星工程概论［M］. 北京：中国宇航出版社，2013.

［2］Barnhart D J, Vladimirova T, Sweeting M N. Very Small－satellite Design for Distributed Spacemissions［J］. Journal of Spacecraft and Rokets, 2007, 44（6）：1294—1306.

［3］林来兴. 协同小卫星系统和服务［J］. 航天器工程，2013，22（5）：110—118.

［4］陈道明. 通信卫星有效载荷技术［M］. 北京：中国宇航出版社，2010.

［5］谢晓光，杨林. 对地观测敏捷小卫星星载一体化结构设计［J］. 红外与激光工程，2014（43）：B12，53—58.

## 附： 教师点评

本项目针对目前市场上与卫星相关的科普教具数量很少且不适合日常教学及科普工作等问题，提出了设计制作一款功能模拟卫星来作为教具模型，具有较强的创新意识和实用价值。项目的完成需要学习卫星总体设计、卫星有效载荷设计等知识，同时要学习掌握 123D Design 软件、AutoCAD 软件、Arduino 开发技术的应用，工作量饱满。本项目成功制作出了卫星教具模型，外观上模拟了"希望一号"，观赏性强，趣味性强；功能上模拟实现了卫星的结构系统、电源系统、控制系统、有效载荷，具有侦察摄像功能、温度显示功能、通信功能，并能够实现卫星的自旋，有较好的演示效果。总体来说，本项目是一个集知识与动手实践于一体的好项目。

但由于知识水平和制作水平的不足，该卫星教具模型还存在着不足之处，实现的功能也不够完整，如除摄像头外，其他载荷仍需数据传输线与计算机进行互联才可以实现，后期可以通过添加无线连接模块取代数据传输线以实现与计算机的互联，也可以再增加一些其他有意义的有效载荷。另外，该卫星的太阳能电池是装饰纸做的，可以考虑安装真实的太阳能电池并连接电路，模拟卫星的太阳能电池充放电功能，使得该卫星教具模型功能更加完整丰富。

# 第四章　遥感探秘空间信息

 **导引**

　　空间信息技术是 20 世纪 80 年代随着航天、计算机、光电等现代科技发展而兴起的前沿交叉学科，包括遥感技术（Remote Sensing，RS）、地理信息系统（Geographical information System，GIS）、全球定位系统（Global Positioning System ，GPS）三大技术，统称 3S 技术。目前，3S 技术已被广泛应用于大气环境探测、生态环境监测、地理大数据分析和虚拟地理环境研究等领域。

　　空间信息探究实验室结合 3S 技术前沿进展，配置了多项前沿软硬件设备，包括空气质量实时监测仪器、数字球面投影平台、三维数字地球平台、手持 GPS 导航系统、室内定位系统、虚拟现实设备（VR）等。在空间信息探究实验室中，学生通过教师的指导，学习相关软硬件操作，了解 3S 技术的综合应用，探索地理空间的奥秘。

　　就空间信息探究实验室的活动而言，主要包括：了解遥感与地理信息技术概论，熟悉实验室实验平台的操作、三维模型的程序建立与设计、算法学习、数据采集等。此外，3S 技术还可以进行矿产和遗产探查、城市热环境变化、耕地面积减少、森林覆盖变化、湿地变化、冰川变化、水体污染、大气环境变化方面的研究。

## 第一节　空间信息探究实验室的配置

### 一、　活动目标

　　空间信息探究实验将传统的验证性实验设计成能够培养学生创新能力和实践能力、提升科学素养、锻炼科学思维和科研能力的综合性探索课程，其内容主要涵盖空间信息技术的发展、空间信息的基础理论、空间信息的分析方法与空间信息的应用等。通过课程的学习，希望学生能够掌握空间信息技术的基本知识和方法，提高实验设计和数据处理能力，能够自主设计空间科技探究实验，在课题探究中培养和提高科学素养和创新能力。

## 二、 场地设施条件

### （一）场地条件

空间信息探究实验室应具备可无偿使用、实用面积为 100 $m^2$ 的固定活动场所，以及开展活动所必需的基础条件，如实验桌椅、活动器材存放柜、电源接口、应急设施等。

### （二）设施条件

（1）科技辅导员专用设施：计算机、投影仪及投影屏幕。
（2）学生活动专用设施：空间信息探究各类仪器、设备、耗材等。
（3）实验室辅助设施：展柜、储藏柜、网络多媒体等。

## 三、 人员配备条件

空间信息探究实验室需配备 1 名具有专业背景的专职科技辅导员和 1 名兼职科技辅导员，并建立一支 3 人以上的科技辅导员志愿者队伍。

## 四、 容纳学生数量

普及类活动或课程单次可容纳学生数量不超过 30 人，探究类活动或者课程单次可容纳学生数量不超过 10 人。

## 五、 开放时间

工作日，周二至周五 8：00—13：00 开放，假期可全天开放。

## 六、 活动内容

空间信息探究实验室的课程主要包括：基础课程、专业课程和探究性实验三部分。基础课程主要介绍遥感与地理信息技术概论；专业课程是根据学生选择的课题方向，讲解需要用到的相应专业基础知识；探究性实验是由学生选择感兴趣的方向，以分组形式参与科学课题研究，包括：实验平台的熟练操作、程序设计、算法学习、数据采集等。

## 七、 活动形式

个人或小组的探究、展示、培训、竞赛等活动。

## 八、 空间信息探究实验室的建设案例

北京市第三十五中学的空间信息探究实验室包含全球和区域环境探索、三维空间

与虚拟空间的开发与应用等相关领域的仪器设备，实验室全景如图4－1所示，是一个半开放型的学习活动空间。

图4－1　空间信息技术探究实验室全景展示图

　　实验室的主要设计理念是从传统对地理空间信息的探索活动，到现在先进的仪器设备可以对全球资源所做的各项探究，使学生可以在实验室体验到空间信息技术的进展与强大。并且借助雾霾探测器、温度探测器、高度探测器等精密设备，让学生可以开展各项与社会生活密切相关的实验项目。以目前热门的空气污染为例：众所周知，目前我国空气污染十分严重，细颗粒物（$PM_{2.5}$）经常"爆表"，但是我国$PM_{2.5}$有何时空分布特征？雾霾分布有何特征？科学研究发现，北京地区秋冬季节$PM_{2.5}$浓度最高，污染最严重，可能与冬季燃煤取暖有关，夏季由于空气对流强，污染最轻。利用卫星遥感与GIS就可以进行该方面的课题探究，如图4－2所示（本图来自国家地理信息公共服务平台）。

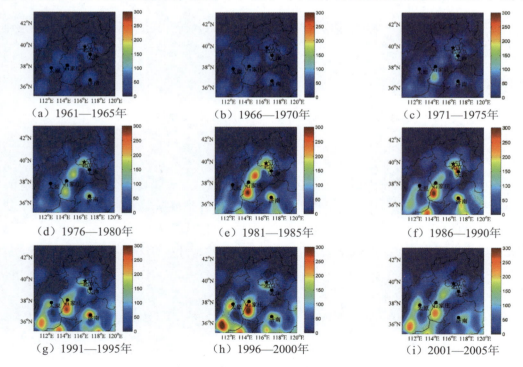

图4－2　环首都圈区域雾霾的长期分布变化

## 第二节　探秘空间信息活动案例

**案例 1　探秘空间信息基础活动案例：三维数字校园建设**

### 一、活动目标

熟悉校园结构，包括建筑的空间布局，楼高、楼长和楼宽，楼层及楼名等属性。根据属性建立与现实等比的三维模型，可以使学生和社会大众通过该系统快速了解学校的详细情况，是学校面向社会宣传的快速通道。

### 二、活动时长

需 12 课时。

### 三、活动人数

3 人一组，可以 3 组同时进行。

### 四、活动所需器材

软件：Microsoft Office 软件［Excel、Powerpoint（PPT）、Word］，Unity3D 软件。
器材：设计图纸、照相机、测高仪。

### 五、活动过程

**挑战任务 1　搜集三维数字校园的相关资料**

（1）在互联网上找到三维数字校园模型的 3 个实体模型，以及一些视频或者论文资料，然后把自己搜集的信息呈现出来，如校园名称、图片等。

（2）二维地图和三维地图有哪些异同点。

（3）列出三维数字校园的共同特征与研发流程。

（4）三维数字校园还有哪些地方需要完善或者重点发展。

请把以上调研结果用 PPT 文件的形式呈现出来，并参照表 4 – 1 的标准进行评价。

表 4 - 1    挑战任务 1 的成果评价标准

| 评价标准 | 1 | 2 | 3 | 4 |
|---|---|---|---|---|
| 比较二维地图与三维地图 | 不了解二维地图的特点，不能进一步了解三维地图的优势 | 初步了解二维地图的特点，但不了解三维地图的特点与优势 | 了解二维地图的特点，并且知道三维地图的优势，但对两者的区别理解的不是特别透彻 | 了解二维地图的特点，并且知道三维地图的优势，透彻地了解两者的异同 |
| 三维数字校园的共同特征 | 不了解三维数字校园的特征 | 初步了解三维数字校园的特征 | 了解并知道三维数字校园的特征 | 充分熟知三维数字校园的特征 |
| 三维模型的研发流程 | 完全不了解三维模型是怎么建立的 | 了解几款三维建模软件，但不会用 | 做过相关的建模实验，有一定的了解 | 基本熟知三维建模的流程，并且能够实践 |
| 三维数字校园的未来发展 | 完全没有想法 | 有一些想法，但不切实际 | 可引用论文或网站的言论进行评述 | 有自己独特的建议 |
| 信息意识 | 不能通过互联网获取有效信息 | 能通过互联网获取信息，但不会筛选 | 能通过互联网获取信息，并能筛选出有效信息 | 能通过互联网获取有效信息，并能对信息做分析 |

**挑战任务 2    团队协作，探索校园**

（1）为了搜集校园建筑属性信息，需要准备哪些工具？

（2）请设计信息搜集记录表格。数据记录要求：数字保留两位小数；详细记录楼层高度、名称等属性信息和必要的照片信息。

（3）根据想要搜集的数据，尝试简单估算一下工作量，把校园分为若干部分，组内分工完成。

请把以上探讨结果用 Word 文件展示出来，并参照表 4 - 2 的标准进行评价。

根据信息搜集记录表和小组分工采集校园信息，需要采集到尽可能全面的校园纹理。如果前期采集不足，后期可以做补充。

表 4 – 2　挑战任务 2 的成果评价标准

| 评价标准 | 1 | 2 | 3 | 4 |
|---|---|---|---|---|
| 信息采集 | 基本没采集齐全，一座楼都完不成 | 采集了部分楼的长度、宽度，有些较难测量的就没有采集，部分建筑可以完成 | 大部分信息已采集，个别属性不齐全，可以完成大部分的工程 | 信息采集齐全，准备好了后期的建模工作 |
| 任务分配 | 无序的分工 | 分工较为合理 | 比较充分地考虑了工作量和时间 | 充分思考了每个组员的优势，能够合理分工 |
| 小组成员的配合程度 | 小组成员配合度较差，基本不能相互合作 | 小组成员之间能够相互理解，但是仍有较大分歧，影响工作进度 | 配合程度较高，但是效率有待提高 | 组员之间沟通顺畅，能够各显所长 |

**挑战任务 3　建模与纹理贴图**

（1）常用的快速建模软件有哪些？对它进行深入研究，写一份调研报告。

调研报告的要求如下。

1）自主决定调研报告的内容，如介绍哪几种软件的主要功能与优缺点。

2）如果发现某个软件应用较广，请总结原因，并给出示例。

3）将调研报告写在 Word 文档里，其形式可参照表 4 – 3。书写报告时应使用双倍行距，并保证书写和标点的准确。注意要用自己的语言进行书写，不要从其他网站上复制粘贴。

表 4 – 3  挑战任务 3 的调研报告样式

**调研报告**

调查计划：

原理调查：
- 图像拉伸原理：

- 太阳高度角原理：

建模软件框架：

软件优缺点总结：

结论：

（2）应用Unity3D软件进行简单的模型搭建练习。可以先自己探索一下软件的使用方法，然后小组分工，建立校园模型。

（3）完成建模任务后，就可以给模型穿上"衣服"了——贴纹理。这里的纹理是在外景调查时拍摄的，如果发现哪部分的纹理没有采集到，则需要补拍。在正式贴纹理前，可先自己探索软件贴纹理的过程。

任务完成后，可参照表4-4进行评价。

表4-4　挑战任务3的成果评价标准

| 评价标准 | 1 | 2 | 3 | 4 |
|---|---|---|---|---|
| 调研报告完成情况 | 调研报告没有结论，缺乏调查计划 | 调研报告得出一些结论，并总结出各建模软件的一些特点 | 调研报告得出许多结论，并总结出各建模软件的一些特点，缺少建模软件的优缺点比较 | 调研报告内容充实，调研计划翔实，得出适当的结论，并比较了建模软件的优缺点 |
| Unity3D软件建模 | 能够建立一些常规的模型，但是大部分任务都未完成 | 建立了较多的模型，但是质量与精度较差 | 建立了较多的模型，有较高的精度 | 完成了大部分建筑的精准建模 |
| 纹理采集 | 不能按照规划完成纹理采集 | 初步理解纹理采集，并采集了部分纹理 | 了解纹理采集的主要规律，采集了大部分纹理 | 充分了解纹理采集规律，完成了纹理采集 |
| 图像拉伸与太阳高度角原理 | 不了解怎样将贴图正确地贴到模型上，不懂得如何应用太阳高度角的原理设置光照角度 | 初步了解图像的拉伸，但是不会调整太阳高度角 | 了解贴图的基本图像处理技术，并且将光照角度调整的较为适宜 | 充分了解贴图的基本规则，并且有自己的创新，将模型的场景设置的非常美观 |

**挑战任务4　模型的优化与渲染**

三维数字校园要真实地展现校园的结构，因此，在制作过程中可以使用一些光照和场景渲染，尽可能融入艺术的效果，充分展现校园的文化。

（1）有些复杂的模型需要参考复杂模型建模的流程，比如，一些人物塑像，当然也可以根据能力选择忽略这部分，或用一盆花代替。请自主探索复杂模型的建模。

（2）制作完校园模型后，是否需要添加一些人？比如，学生。请提供一个学生活动场景。

（3）根据自己提出的场景，完成场景的设置。

（4）你是否还有其他想在虚拟校园中实现的场景？试着描绘一下，或者试着去实现。

任务完成后参照表4-5进行评价。

表4-5　挑战任务4的成果评价标准

| 评价标准 | 1 | 2 | 3 | 4 |
|---|---|---|---|---|
| 模型建造 | 模型建造没有按照校园格局进行，看起来很混乱 | 模型建造能够反映基本的校园结构，但是没有添加复杂模型 | 模型建造较好地符合要求，建立了部分复杂模型 | 模型的建造非常好，有较好的艺术效果 |
| 复杂模型与人物模型场景的添加 | 不了解复杂模型的构建 | 初步了解复杂模型的构建，但是构建的较为粗糙 | 了解复杂模型构建的步骤，并且构建了部分模型 | 充分了解复杂模型构建，有创意的构建了较好的场景 |
| 是否有自己的设想 | 没有自己的想法 | 有自己的想法，较好地描绘了自己的想法 | 很好地描绘了自己的想法，并且实现了一些想法 | 实现了较为生动的场景 |

**成果评价**

整个活动完成后，向教师、家长展示自己的作品。

## 六、 安全注意事项

如果需要外出测量校园，需要注意人员安全问题。

## 案例 2  探秘空间信息创新实验项目案例

### 一、 研究背景

2014 年 2 月 16 日，习近平总书记在北京市考察工作时提出，要明确城市战略定位，坚持和强化首都全国"政治中心、文化中心、国际交往中心、科技创新中心"的首都核心功能。2015 年 2 月 10 日，习近平总书记在中央财经领导小组第九次会议上提出，要疏解北京"非首都功能"。作为一个有 13 亿人口大国的首都，不应承担也没有足够的能力承担过多的功能。医疗资源正是非首都功能，但北京却承担了太多此类功能。经调查，北京市全市三级医院（含驻京部队医院）及远郊区 11 家区域医疗中心一年内接受其他省市病人诊疗达 3174.9 万人次，占比 29.1%（数据来源：北京市卫生和计划生育委员会，2016）。因此，急需寻求医疗资源的合理布局方案，疏解非首都核心功能，推进京津冀医疗卫生资源的协调发展。

北京作为全国的政治、经济、文化中心，对各种资源在全国范围内都产生了"虹吸"效应，对医疗资源自然也不例外。这就导致无论是医学人才还是最先进最高端的医疗技术和设备，都自然地往北京集中，使北京成为全国最先进最高端的医疗中心，集中了全国最为优质的医疗资源。在我国还没有实行严格的分级诊疗制度的今天，全国的患者都可以直接来北京看病，即北京市的医疗资源，尤其是优质医疗资源，不仅要服务本地患者，还要面向全国患者，这就导致了"看病难"的问题在北京尤为突出。所以，对这些优质医疗资源进行空间上的重新布局，不仅能方便患者就诊，还可以极大地缓解中心城区的各种"大城市病"问题，对疏解非首都功能有重大意义。

### 二、 研究目的与思路

基于实地调查方法，经过空间统计和密度的分析，以及评价医疗数据空间布局的相关辅助数据和空间相关性方法的应用，最终获取到北京市医疗资源分布的整体状况和初步评价，并结合现有的疏解方案，对医疗资源布局不均衡问题提出了智慧医疗疏解方案和情景设想，为促进北京市优质医疗资源的公平与共享，减轻目前北京中心城区的就医压力提供支撑。

本项目为提出医疗资源智慧布局的解决方案，进行了文献调研和问卷调查，并结合遥感数据的空间优势，应用空间统计、核密度分析和空间相关性分析方法，得到北京市医疗资源空间布局的现状。进而，本项目又引入了商业布局的优势案例模型，并与医疗资源布局模型进行了对比分析，最终得出北京市医疗资源智慧布局的优化方案，并提出了一系列疏解建议与方案。具体研究思路见图 4-3。

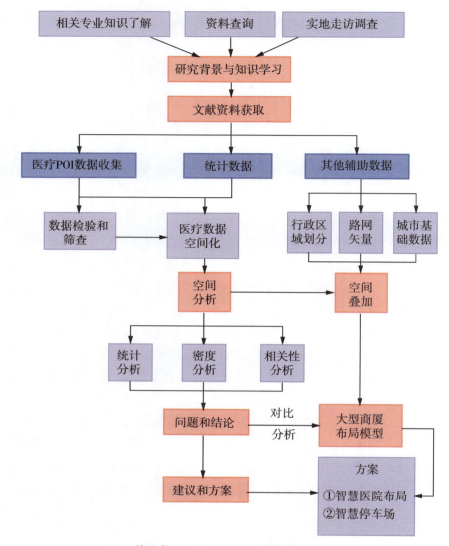

POI—关注点，Point of Interest的缩写

图4−3　医疗资源智慧布局解决方案的研究思路

## 三、研究方法

### （一）空间叠加分析

空间叠加分析是地理信息系统最常用的提取空间隐含信息的手段之一。如图4−4所示，地理信息系统的叠加分析是将同一地区、同一比例尺的两组或更多的专题图层进行叠加，建立具有多重地理属性的空间分布区域，产生一个新的数据层的操作，其结果综合了原来两层或多层地图要素所具有的属性，从而满足用户需求和协同决策的

一种方法。它不同于通常所说的视觉信息复合，这主要是因为叠加分析的结果不仅可以产生视觉效果，更主要的是可以形成新的目标，并对空间数据的区域进行重新划分，且属性数据中包含参加叠加的多种数据项。根据不同的数据模型可将空间叠加分为栅格叠加和矢量叠加两种，图4-4为矢量叠加。本项目涉及的所有北京市行政区域划分空间分布图均来自国家地理信息公共服务平台（http://www.tianditu.gov.cn/）。

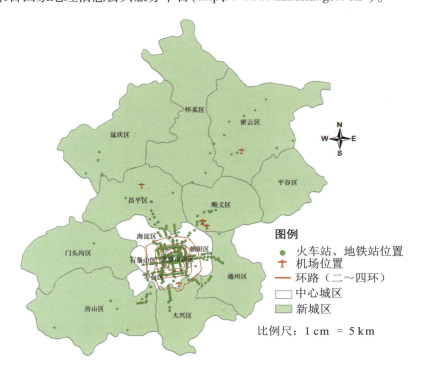

图4-4　2016年北京市重要交通枢纽与环线空间叠加图（点、线、面叠加）

（二）缓冲区分析

缓冲区（buffer）是围绕地理要素一定宽度的区域，这个宽度称为缓冲距离。地理要素常抽象为点、线和面。从空间变换的观点出发，缓冲区分析就是将点、线、面状地物分布图变换为这些地物的扩展距离图，图上每一点的值代表离该点最近的某种地物的距离。从数学意义上来看，缓冲区分析就是基于空间目标（点、线、面）拓扑关系的举例分析，其基本思想就是给定空间目标，确定它们的邻域，邻域大小由邻域半径 $R$ 决定。因此对于给定的目标0，其缓冲区 $B$ 的定义为：

$$B=\{x \mid d(x,0)\leq R\} \qquad (4-1)$$

式中，$d$ 为 $x$ 与0之间的距离，通常是指欧式距离；$R$ 为邻域半径，或称缓冲距离。

（三）空间核密度分析

密度分析是将测量来的点或线生成连续表面，从而可以找出哪些地方的点或线比较集中的方法，即密度分析是根据输入要素数据计算整个区域的数据聚集状况。密度分析是通过离散点数据或线数据进行内插的过程，根据插值原理不同，主要分为核密度分析和普通的点、线密度分析。

核密度分析中，落入搜索区的点具有不同的权重，靠近搜索中心的点或线会被赋予较大的权重，反之，权重较小；它的计算结果分布较平滑。在普通的点、线密度分析中，落在搜索区域内的点或线有相同的权重；一般先对其求和，再除以搜索区域的大小，从而得到每个点的密度值。在二维空间中，核函数的一般公式见式（4-2）

$$\lambda(s) = \sum_{l=1}^{n} \frac{1}{\pi r^2} \varphi \ (d_{ls}/r) \tag{4-2}$$

式中，$\lambda(s)$ 为地点 $s$ 处的核密度估计；$r$ 为带宽，即核密度函数的搜索半径；$n$ 为样本数；$\varphi$ 为街道 $l$ 与 $s$ 之间的距离 $d_{ls}$ 的权重。

本项目采用 ArcGIS 10.2 自带的核密度分析工具。

（四）空间相关性分析

1. 全局自相关

全局自相关用于描述区域单元某种现象的整体分布状况，以判断该现象在空间上是否存在集聚性，常用的检验统计量有 Global Moran's 的 $I$ 指数（$I_G$），计算公式为：

$$I_G = \frac{n \sum_{i=1}^{n} \sum_{j=1}^{n} W_{ij} \ (x_i - \bar{x}) \ (x_j - \bar{x})}{\left( \sum_{i=1}^{n} \sum_{j=1}^{n} W_{ij} \right) \sum_{i=1}^{n} \ (x_i - \bar{x})^2}, \ (i \neq j) \tag{4-3}$$

式中，$x_i$、$x_j$ 为空间单元 $i$ 和 $j$ 的观测值；$n$ 为空间单元总数；$W_{ij}$ 为空间权重，采用邻接标准来定义，即当 $i$ 和 $j$ 邻接时，$W_{ij} = 1$，否则 $W_{ij} = 0$，其中 $i = 1，2，\cdots，n$；$j = 1，2，\cdots，m$；$\bar{x}$ 为 $x$ 的平均值。

$I_G$ 的取值范围为 $-1 \sim 1$，本项目通过 $I_G$ 值可以判断研究区内医疗资源的集聚程度。$I_G > 0$，表示空间正相关，说明医疗资源具有显著集聚水平；$I_G < 0$，表示空间负相关，即各单元医疗资源分布差距明显，呈扩散或均匀分布；$I_G = 0$，表示空间不相关，各单元医疗资源呈无规律的随机分布状态。

2. 局域自相关

局域自相关分析可以用来衡量以每个地理单元为中心的周边邻近区域的相似程度或者隔离程度。因此，本项目采用医疗资源密度分布指标，借助局域自相关分析方法，进行医疗资源社会隔离类型的划分和地域空间识别。其 Local Moran's 的 $I$ 指数（$I_L$）的计算公式为：

$$I_L = \frac{n(x_i - \bar{x}) \sum_{j=1}^{m} W_{ij}(x_j - \bar{x})}{\sum_{i=1}^{n} \ (x_i - \bar{x})^2}, (i \neq j) \tag{4-4}$$

## 四、 研究过程

### （一）获取背景调查资料

根据项目的需求，调查了解政策和实地两个方面的背景资料。

#### 1. 政策方面

2014 年年初，习近平总书记在北京市考察工作时提出，"坚持和强化首都全国政治中心、文化中心、国际交往中心、科技创新中心的核心功能，强化首都四个服务"。这是从中央层面对北京市的城市功能进行了明确的定位，新的定位也将成为北京市未来发展的路线指引。北京市的城市功能布局优化调整将是未来一段时期内的重点工作，疏解北京的非首都功能将成为其重点工作内容。

2017 年 10 月 18 日，习近平总书记在中国共产党第十九次全国代表大会（简称为"党的十九大"）的报告中提到，在过去的 5 年中医疗卫生水平有了大幅度的提高，但是还面临着不少难题，未来还需积极应对人口老龄化问题，构建养老、孝老、敬老政策体系和社会环境，推进医养结合，加快老龄事业和产业发展。

从政策上看，国家认识到了就医难的问题，并有一系列的解决政策支持，但是仍未看到较大改善。根据党的十九大精神，其明确了解决医疗问题的决心，但仍需要几代人坚持不懈的努力以及确实有效的措施去解决。

#### 2. 实地调查

为了了解北京市就医难的原因，本项目设计了一份调查问卷（调查问题见表 4 - 6），并在医疗场所进行统计。因为调查对象基本都是患者或者患者家属，考虑到他们的心情和时间，调查问卷的问题设计尽量简化。此次调查用时 3 个月，共统计了近 500 份调查问卷，具体情形如下。

表 4 - 6　调查问卷

| 问题 1 | 是否是北京户籍？（是/否） |
|---|---|
| | A. 是　　　　B. 否 |
| 问题 2 | 你花费的就医路程（时间/小时） |
| | A. 小于 1 小时　B. 1～2 小时　C. 大于 2 小时 |
| 问题 3 | 就医环节所用时间（从排队挂号到诊疗结束） |
| | A. 小于 2 小时　B. 2～4 小时　C. 大于 4 小时 |
| 问题 4 | 您认为医疗分布情况是否均衡？ |
| | A. 不均衡　　　　B. 较均衡 |
| 问题 5 | 您对现在的医疗资源布局是否满意？ |
| | A. 满意　B. 不满意　C. 没想过 |
| | 如果选 B，能否给出您的意见？ |

对调查问卷进行整理，发现有些问卷填写不完整，填写完整且合格的问卷共 468 份，

问卷有效性为93.60%。经统计：468人中，196人为非京籍人口，占总数的41.88%；就医路程超过1 h的人数为389人，占总数的83.12%；就医路程超过2 h的人数为277人，占总数的59.19%；满意度调查中，近90%的人感觉到不太满意。提的建议最多的为：应减少就医环节，增加就诊专家号，改善就医环境等。据统计，92%的人就医环节超过2 h，其中大于4 h的占36%，也就是需要花费一天的时间来就医。调查中89%的人认为医疗分布不均匀；就医过程的满意度调查中，较为满意的样本数仅占调查总量的15.86%，满意度较低。对于建议意见调查的情况，详见结果与讨论中的"2.医疗资源，智慧布局方案"。

本项目重点对北京协和医院、北京友谊医院、北京大学第三医院3个医院进行了调查。经调查发现，北京协和医院的门诊急诊诊疗中，非京籍患者占比29.2%；北京友谊医院的门诊急诊诊疗中，非京籍患者占比37.1%；北京大学第三医院的门诊急诊诊疗中，非京籍患者占比37.8%。由此可见，随着经济和交通运输的发展，人们更倾向于选择更好的医疗资源，因此外来就医人口的增加是北京看病难的一大原因。

另外，本项目对北京市人口数量的变化也做了调查。调查发现，2000年，北京市人口仅为1357万人，而截至2015年，北京市人口达2171万人，是2000年的1.6倍（数据来源：北京市卫生和计划生育委员会，2016）。由此可见，北京市人口的增加也是导致就医难的一大原因。

综合各类调查发现，北京市人口越来越多，而且有越来越多的外地人口聚集在北京市就医，尤其是聚集在北京市的优质医疗机构，如北京协和医院、北京友谊医院等。那么，北京市的医疗机构都分布在哪里？能否满足人们的就近医疗？

根据北京市卫生和计划生育委员会2016年对医疗机构的定义，我国的医疗服务机构是由一系列开展疾病诊断、治疗活动的卫生机构构成的。医院、卫生院是我国医疗机构的主要形式。此外，还有疗养院、门诊部、诊所、卫生所（室）以及急救站等，共同构成了我国的医疗机构。本项目根据北京市卫生和计划生育委员会对医疗机构的分类和获取数据的可行性，确定将医疗机构分为：医院、卫生服务站、急救中心、药店、卫生服务站、疾病预防中心、医疗保健7种类型。

（二）获取数据调查资料

**1. 行政区域划分的数据**

2016年，北京市划分为东城、西城、海淀、朝阳、丰台、门头沟、石景山、房山、通州、顺义、昌平、大兴、怀柔、平谷、延庆、密云16个市辖区。本项目将北京市分为中心城区和新城区进行公共资源配置现状的分析。其中，中心城区是指北京的"城六区"——东城区、西城区、朝阳区、海淀区、丰台区和石景山区；新城区是指：通州区、顺义区、大兴区、昌平区、房山区、门头沟区、平谷区、怀柔区、密云区和延庆区共10个市辖区，即过去人们指的远郊区县。

### 2. 北京市主要医疗资源的 POI 数据

在介绍医疗数据之前，先介绍两个概念：大数据（Big Data）与开放数据（Open Data）。

大数据是指无法在一定时间和范围内用常规软件工具进行捕捉、管理和处理的数据集合，是需要新处理模式才能具有更强的决策力、洞察发现力和流程优化能力的海量、高增长率和多样化的信息资产。例如，手机信令数据、能耗数据、浮动车数据（车载 GPS、公交刷卡、地铁刷卡）等。大数据的"5V"特点（国际商业机器公司提出）包括：Volume（大量）、Velocity（高速）、Variety（多样）、Value（低价值密度）、Veracity（真实性）。

开放数据是指不受版权、专利或其他条件和机制的限制，可以免费获取，并重新按照使用者的意愿来使用的一种数据类型。其中，网络开放数据是社会使用最为普遍的开放数据类型。例如，商业网站（如大众点评、安居客等）数据、地图开放平台数据、社交媒体数据、政府政务公开数据等。

本项目应用城市数据派软件 Geodata，共获取了 11501 条记录，这与从北京市规划和国土资源管理委员会调查获取的截至 2016 年 2 月的数据（北京市共有医疗卫生机构数达 10425 家）基本吻合。经检查发现，城市数据派软件 Geodata 中存在重复统计的现象，如某医院的急诊和门诊作为两条记录被统计，后期需要对城市数据派软件 Geodata 获取的数据做进一步验证处理。城市数据派软件 Geodata 获取数据的具体流程如下。

高德开放平台的任务就是将高德地图专业的地图、定位、导航等位置能力和基于位置的服务（LBS）开放出来，供合作伙伴和开发者使用。高德开放平台所提供的服务接口众多，主要包含地图、定位、导航、搜索、路径规划、室内地图等，其中涵盖了中国超 6000 万的 POI 数据。本项目基于高德开放平台的 Web API（网络应用程序楼口）服务，采用 Http 请求的接口调用方式，以搜索"医疗"关键词和按地理坐标网格划分查询方式，编写了基于高德开放平台的 POI 数据获取工具，并以此采集北京市"医疗"类的 POI 地理数据，为本项目后续的医疗空间分布特征分析提供数据基础。

### 3. 北京市路网矢量数据

路网数据是从 OpenStreetMap 网站（http://www.openstreetmap.org/#map = 4/36.96/104.17）获取的最新数据。OpenStreetMap 是一款由网络大众共同打造的免费开源、可编辑的地图服务。它利用公众集体的力量和无偿的贡献来改善地图相关的地理数据。其数据的主机由伦敦大学学院、Bytemark 主机、伦敦帝国学院以及其他合作伙伴所支持。本项目所获取的空间化数据见图 4 - 5。

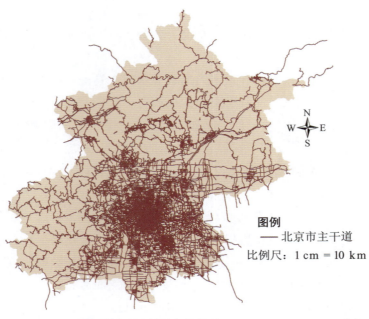

图例

—— 北京市主干道

比例尺：1 cm = 10 km

图 4 - 5　2016 年北京市主要道路矢量数据（© OpenStreetMap 贡献者）

### 4. 北京市居民点分布空间数据

为了分析医疗机构布局与人口的空间关系，本项目并没有采用统计人口数据的形式，而是应用了居民点的空间布局（图 4 - 6），这是因为空间布局能更好的反应空间上的相关性。此数据源来自于中国科学院遥感应用研究所（采用的是 2014 年的数据）。

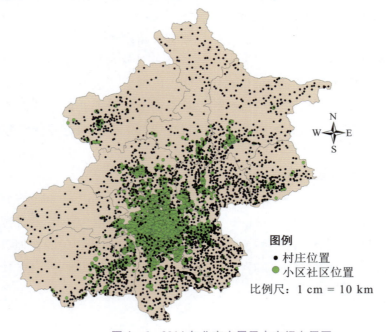

图例

· 村庄位置

● 小区社区位置

比例尺：1 cm = 10 km

图 4 - 6　2014 年北京市居民点空间布局图

### 5. 北京市医疗机构的 POI 数据空间化

从网络公共平台上采集的原始数据是 Excel 表格的统计数据，要想直观的获取医疗数据的空间布局以及规律，需要借助 ArcGIS 软件进行空间化。空间化后的全部医疗资源的空间布局如图 4 – 7。

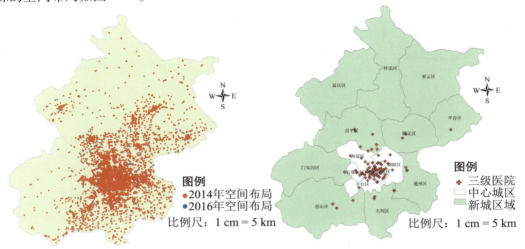

（a）2014 年和 2016 年北京市各类医疗机构布局　　（b）2016 年北京市三级医院布局

图 4 – 7　北京市各类医疗机构空间布局

根据空间布局显示，2014—2016 年，北京市医疗机构的空间布局基本没有明显变化，2016 年稍有增加，而其中主要增加的是药店和基础的社区服务站这两类。

据统计，截至 2016 年 2 月，北京市共有医疗卫生机构数达 10425 家，其中医疗机构数为 10270 家（含 102 家三级医院、144 家二级医院以及 652 家一级医院），其他卫生机构数为 155 家。与 2014 年相比，医疗卫生机构增加了 156 家，其中，医疗机构增加了 159 家（社区卫生服务中心增加了 21 家），其他卫生机构减少了 3 家。

2016 年，北京市共有 102 家三级医院，中心城区拥有 84 家，占全市三级医院数量的 82.35%；而新城区增至 20 家，占全市的 20.83%，这与统计资料数据相吻合。2016 年较 2014 年整体医疗资源数量有较大幅度的提升，但是新城区的医疗资源仍然较少，尤其是优质医疗资源仍未有明显改善。

## 五、　结果与讨论

### （一）医疗资源分布现状与分析

#### 1. 北京市医疗数据统计分析

为了分析不同城区、不同类别的医疗机构的数量分配，采用空间叠加的方法，将北京市矢量行政边界与医疗机构进行叠加，并应用 ArcGIS 10.2 软件进行区域统计分析，得到的结果如图 4-8。

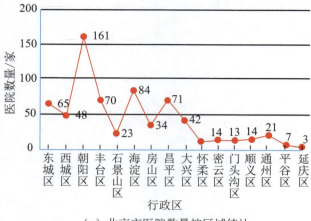
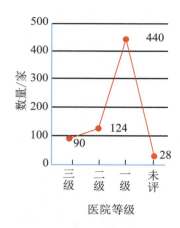

（a）北京市医院数量按区域统计　　　　　（b）北京市医院按照类别统计

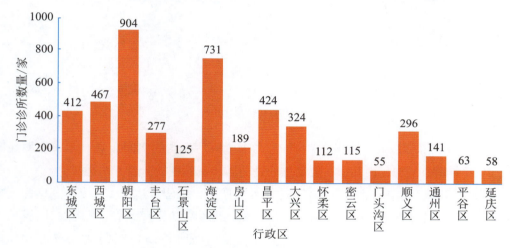

（c）北京市门诊诊所数量按区域统计

图 4-8　北京市医疗资源统计

　　由图 4-8 可知，北京市朝阳区是各类医疗资源最为丰富的区域；中心城区医院总量占北京市总医院数量的 70%；新城区除昌平、大兴区有较好的医疗资源外，总体医疗资源较为匮乏。人们比较关注的三级医院的数量为 90 家，相对较少，二级、一级医院的数量较多，后备优质医疗资源较为丰富。其他医疗资源，如门诊和诊所的区域分布情况与医院类似，较其他区域来看，海淀区和顺义区的门诊诊所数量相对较多。

### 2. 北京市医疗数据核密度分析

　　为了更好的获得各种医疗机构的空间分布热点，本项目采用核密度分析方法，其核密度分析结果见图 4-9。结果显示，医疗资源、道路网、人口布局有较高的相关性，均在中心城区分布较为密集，新城区分布较稀疏。

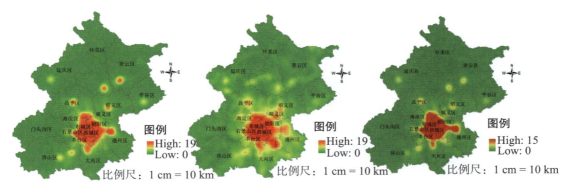

（a）2016年北京市各类医疗机构密度图　（b）2016年北京市主要道路密度图　（c）2014年北京市人口密度图

**图 4 – 9　2016 年北京市各类医疗机构、道路及 2014 年北京市人口空间分布核密度图**

### 3. 北京市医疗数据与道路和人口空间相关性分析

为了进一步分析医疗数据与道路和人口的空间相关性，本项目引入空间自相关的方法，其结果见图 4 – 10。结果显示，医疗机构与人口的相关性较高，达 95.27%，与道路布局的相关性相对较低，为 90.55%。从分析结果来看，医疗机构与道路和人口的空间相关性均较高，同时也集中反映了北京市各种资源的集中性，在北京市中心城区分布密集度较高，在新城区分布密集度较低。

```
#                       STATISTICS of INDIVIDUAL LAYERS
#  Layer    MIN      MAX      MEAN     STD
#
#    1     0.0000   14.5479  0.6997   1.8346
#    2     0.0000   18.7735  0.8757   2.1711
#
#          COVARIANCE MATRIX
#  Layer    1         2
#
#    1     1.88688   2.13441
#    2     2.13441   2.65991
#
#          CORRELATION MATRIX
#  Layer    1         2
#
#    1     1.00000   0.95273
#    2     0.95273   1.00000
#
```

（a）医疗机构与人口布局的相关性

```
#                       STATISTICS of INDIVIDUAL LAYERS
#  Layer    MIN      MAX      MEAN     STD
#
#    1     0.0000   16.9644  1.5220   2.2962
#    2     0.0000   18.7735  0.8757   2.1711
#
#          COVARIANCE MATRIX
#  Layer    1         2
#
#    1     2.73745   2.32796
#    2     2.32796   2.41457
#
#          CORRELATION MATRIX
#  Layer    1         2
#
#    1     1.00000   0.90549
#    2     0.90549   1.00000
#
```

（b）医疗机构与道路布局的相关性

**图 4 – 10　医疗机构与人口、道路的相关性**

为了解为什么医疗资源与人口和道路等有高度的相关性以及为什么新区的人们看病还是那么难等问题，本项目将北京市的三级甲等（三甲）医院分离出来做了核密度分析，并将其与人口空间分布密度进行相关性分析，结果见图4-11。由图4-11可知，虽然总体的医疗资源与人口有高度的相关性，但优质医疗资源（三甲医院）的布局更加集中在中心城区，与人口分布相关性仅为77.58%。

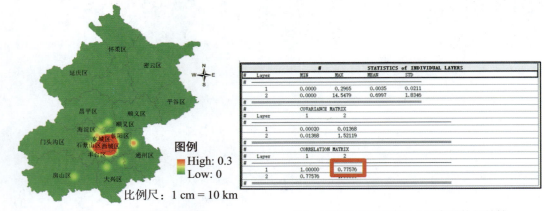

（a）北京市三甲医院的密度图　　　　　（b）北京市三甲医院与人口布局的相关性

图4-11　2016年北京市三甲医院的空间分布密度及其与人口布局的相关性

（二）医疗资源智慧布局方案

方案1："经济友好型"布局方案——市场导向的商场布局模型

众所周知，商业布局模型是市场规律的结果，不论在空间上还是功能设置上，都能最大限度地为人们的消费提供便捷的服务。医疗布局，尤其是北京市的医疗布局，大多数不是市场导向的，而是有长久的历史原因。其最初都是由一个小型医院慢慢发展而来的，而历史布局时并未考虑目前的发展，因此导致很多医院布局在狭窄的小胡同内，如首都医科大学附属北京安贞医院、北京积水潭医院等优质三甲医院。因此，本项目联想到了大型商业布局，其大部分都分布在交通便利的地方，可以作为疏解参考。

北京市大型商业网点的布局［图4-12（a）］与交通布局高度相关，可以作为医疗机构等政府导向型行业机构的参考。本项目根据大型商业商厦的空间布局，提出了基于市场导向的"经济友好型"布局方案，见图4-12（b），形成了顺义区、怀柔区、密云区、延庆区、平谷区南部、通州区、大兴区北部、房山区东北部、通州区与大兴区北部交界处10个新的布局点。

（a）北京大型商业大厦布局　　　　　（b）北京市医疗资源"经济友好型"布局方案

图4－12　北京市商业大厦布局与医疗资源"经济友好型"疏解方案

方案2："交通友好型"布局方案——方便外地就医的机场布局模型

　　为解决外地人口对优质资源的需求，一方面可以借助智慧远程医疗服务，优先服务偏远地区的患者，但若条件允许，应尽量安排本地就医；另一方面考虑特需人员进京就医的便利性，本项目提出在机场5～15 km范围内建设医院的方案，这主要是考虑尽量减少机场噪声的影响，又要尽可能缩短就医路程。此外，还应增加机场与城市之间的交通要道，如机场快轨，既能方便外地就医，又能保持对本地居民的服务功能。具体方法是：应用缓冲区分析方法，以机场为中心绘制半径为5～15 km的缓冲区，具体的分布方案见图4－13。

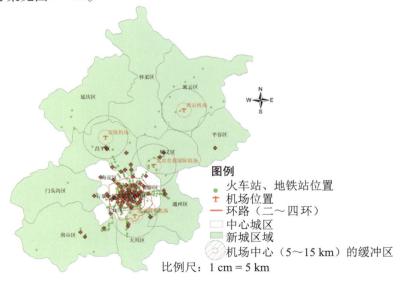

图4－13　环北京机场优质医疗布局方案

**方案 3："环境舒适型"布局方案——提供就医的舒适度**

一般就医环境只考虑了医院内部的整洁性，对医院周边的环境考虑较少。本项目提出依靠公园绿地、景区位置选择优质医疗资源布局的方案，其对老年养老医疗医院尤为适用。

"环境舒适型"布局可以为患者提供更好的住院环境，提高舒适度。其主要方法是对公园绿地、景区位置矢量点图做核密度分析，并结合交通的通达性，最终发现，密云区、怀柔区、延庆区的南部，昌平区、通州区的北部区域较适合建设该类医院，具体布局模型如图 4 – 14。

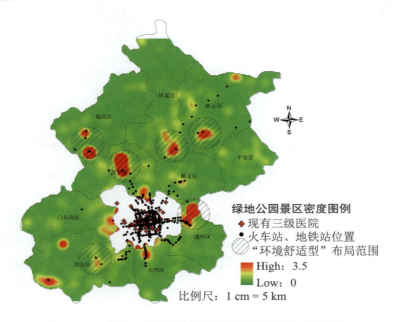

**图 4 – 14　北京市优质医疗资源"环境舒适型"布局方案**

# 六、　结论与建议

## （一）结论

本项目制定了获取北京市医疗服务资源现状的方案，并经过空间统计和密度的分析，以及评价医疗数据空间布局的相关辅助数据和空间相关性方法的应用，最终获得了全市医疗资源分布的整体状况和初步评价，其结果如下。

（1）医疗资源主要集中在中心城区，新城区分布较稀疏。其中，优质医疗资源的分布情况：2014 年，北京市共有 65 家三甲医院，中心城区拥有 60 家，占全市三甲医院总量的 92.31%；而新城区只有 5 家，占全市的 7.69%。优质医疗资源分布严重不均衡。2017 年，新城区优质医院资源有所增加，但是仍然存在不均衡的问题。因此，但凡患有稍复杂的病，人们都想去中心城区的优质医院进行诊断和治疗；不仅如此，中心城区很多医院，如首都医科大学附属北京安贞医院、北京天坛医院、北京协和医院等，还承担着治疗全国疑难杂症的任务，造成了中心城区有大量的进京就医流动人口，增加了中心城区的人口压力。

社区服务站的分布情况：社区服务站等基层服务机构在各区分布较为均衡，但是经过调查发现，社区服务站的居民选择性较差，后期应该加强对社区服务站的合理利用。

（2）北京市的医疗机构与道路和人口的相关性。根据核密度分析可知，北京市医疗机构总体上与道路和人口布局有较高的相关性，但是优质医疗机构与人口布局的相关性较小。尤其是一些大型的居住区，如昌平区是人口聚集度较高的区域，但是优质医疗资源布局较少，与人口严重不匹配，这也与相关论文结论一致。

（二）建议

（1）循序渐进地将优质资源搬迁到新城区及京津冀周边，尤其是重要交通枢纽附近应有大型医院布局，以方便全国人民共享优质医疗资源。

虽然目前的医疗资源布局存在很多问题，但大型医院的整体搬迁是非常复杂的系统工程，不能搞"大跃进"运动，而要稳步推进。比如，先将一些优势科室搬迁出去，辐射带动当地医疗及其他事业的发展，在具备条件之后再以实施整体搬迁计划。成熟一个搬一个，成熟一家搬一家。如北京市的4个机场附近，应迁入大型优质医疗资源，以方便全国甚至世界各地的患者共享优质医疗资源。

（2）整合市中心的优质医疗资源，建设医疗科研服务机构，如中西医科学博物馆等，促进医药文化的健康发展。首都核心功能的科学研究中心，对医学科学研究的投入还需加强，尤其是对医学科学的普及还有待完善。至今，我国还未有一家医学科学博物馆。北京市的许多医院都是有悠久历史的，这些历史需要挖掘和保护，虽然地址搬迁了，机构整合了，但是文化仍需保留。因此，应尽快整合一家优质的医学科学博物馆，博物馆应为广大中小学生免费开放，让更多的孩子了解关心医疗卫生行业，这将有利于医疗卫生行业的长远发展。

（3）落实并加强社区服务功能。目前，由于中心城区人口居住密度高，且老年人口比例较大，使得中心城区的就医需求也很高。所以，在优质医疗资源不断向外疏解后，留下来的缺口应由社区卫生服务中心来支撑。

（4）将养老与优质医疗整合发展，提高老年人的幸福指数。众所周知，北京市的老龄化程度较高，而且有相当大一部分老年人居住在拥堵的中心城市，又由于老年人就医的高需求，在上下班的高峰期，他们不得不挤公交车、挤地铁，生活质量非常低。建议在环境较好的新城区或京津冀周边，建设大型的养老服务中心，并设立配套的老年人优质医院等服务设施，吸引更多的老年人从中心城区撤离出来，提高老年人的幸福指数，促进老龄化社会的健康稳步发展。

（5）参考大型商场案例，建设重要交通枢纽与医院之间的快捷通道。大型商场，尤其是依附地铁建设的商场，基本都是地铁直通商场内部的，为的就是方便顾客。有许多医院是有条件的，比如，北京协和医院离地铁较近，但是并没有直通地铁的出口，因此可以增加一个通往医院的通道。北京大学人民医院就是一个成功的案例。

（6）建设现代化的智慧停车场，方便人们出行。北京停车难，尤其是大型医院附近停车更难，这一点对于每一个开车去医院就医的人来说可能都深有体会。建议在医院附近建立相匹配的停车场，为出行提供方便。这一点也已有成功的案例，2017年12月1日北京卫视《早间新闻》节目系统地介绍了中国人民解放军总医院（301医院）附近建设的五棵松停车场及智慧管理系统。该案例如果成熟可以大范围的推广应用。

## 七、 创新点与展望

### （一）创新点

本项目的创新点主要有以下两点。

（1）将北京市医疗资源做了详尽的空间布局分析，为社会及政府机构促进医疗资源的均衡布局提供了参考信息。

（2）提出了较为可行的优质医疗资源的疏解方案。

### （二）展望

今后希望继续完善本项目，为建设幸福和谐北京，为担负起建设祖国的大任，贡献自己的一份绵薄之力。

（1）数据扩展：本项目采用居民点的空间布局代替了人口的按区域统计数据，能更好的反应居住人口的空间布局，但是从理论上还是有些误差，比如，没有考虑大型居住地的立体人口容纳量。后期将结合北京市三维空间建筑数据和人口统计数据，细化人口的空间布局。北京市三维空间数据目前已从中国科学院遥感应用研究所获取，如图4-15所示，后期会将人口密度根据三维空间数据进行空间化，提高人口空间布局的精度，提高智慧布局的精度。

（2）分析方法：本项目在分析方法上尽量做到了创新，但是科学研究必须是严谨的，需要考虑的影响因素有很多，比如，误差分析。本项目并没有深入的研究，后期将会进一步细化，尽量符合实际情况。

（3）实地调查：需要做更多的实地调查，将更多的因素考虑进来，让研究更加贴近民生。

（4）应用拓宽：本项目主要对北京市的医疗资源的布局做了分析，还可以扩展到北京市其他基础设施的研究，做出更全方位的"健康"诊断。应用现代技术，落实智

图4-15　北京市三维建筑空间分布图

慧城市的建设。

　　总之，北京市作为中国的首都担负了太多，导致了人口的大量聚集和一系列社会问题的产生。不只是人们关心的教育和医疗等领域，更包含人口和各种其他资源的配置和布局。作为一个中学生，祖国实现第二个50年的接班人，相信一步一步的向前推进，北京会成为众人向往的健康又有活力的国际大都市。

### 八、参考文献

　　[1] 北京市人民政府. 北京城市总体规划（2004—2020 年）[J]. 北京规划建设，2005（2）：5—51.

　　[2] 习近平. 决胜全面建成小康社会　夺取新时代中国特色社会主义伟大胜利——在中国共产党第十九次全国代表大会上的报告[R]. 北京：人民出版社，2017.

　　[3] 国家卫生和计划生育委员会. 2016 中国卫生和计划生育统计年鉴[M]. 北京：中国协和医科大学出版社，2016.

　　[4] 张文新. 北京市人口分布与服务设施分布的协调性分析[J]. 北京社会科学，2004（1）：78—84.

　　[5] 刘兆文. 浅议医疗设施发展及空间布局——以杭州市为例[J]. 科技信息，2008（34）：314.

　　[6] 张鹭鹭，胡善联. 区域内医院医疗资源供给现况分析[J]. 中华医院管理杂志，2000，16（5）：264—266.

　　[7] Mitropoulos P，Mitropoulos I，Giannikos I，et a1. A Biobjective Model for the Locational Planning of Hospitals and Health Centers [J]. Health Care and Manage Science，2006，9：171—179.

[8] Toppen F. De Jong T. In Serch of Suitable Location for Mercedes – Benz Truck Center [M]. Procceedings GIS in Business and Commerce, 1991.

[9] Cheng Y, Wang J E, Rosenberg M W. Spatial Access to Residential Care Resources in Beijng, China[J]. International Journal of Health Geographics, 2012, 11(1):32.

[10] 北京市发展改革委员会. 北京市"十一五"时期功能区域发展规划 [EB/OL]. (2016 – 12 – 06). http://fgw. beijing. gov. cn/zwxx/ztzl/sswgh 2016/ghhg/201612/tlo780916. html.

[11] 北京市统计局国家统计局北京调查总队. 北京市区域统计年鉴 [M]. 北京: 同心出版社, 2010.

[12] 北京市统计局国家统计局北京调查总队. 北京市区域统计年鉴 [M]. 北京: 同心出版社, 2011.

[13] ArcGIS 官方使用说明文档 [EB/OL]. [2018 – 09 – 26]. http://desktop. arc-gis. com/zh – cn/arcmap/latest/tools/analysis – toolbox/buffer. htm.

[14] 陶卓霖, 程杨, 戴特奇. 北京市养老设施空间可达性评价 [J]. 地理科学进展, 2014, 33 (5): 616—624.

[15] 钱云, 王琢. 大型居住区医疗服务现状问题探析——以北京回龙观为例.

[16] 赵英时. 遥感应用分析原理与方法 [M]. 北京: 科学出版社, 2003.

[17] 戴昌达, 姜小光, 唐伶俐. 遥感图像应用处理与分析 [M]. 北京: 清华大学出版社, 2003.

[18] 朱述龙, 张占睦. 遥感图像获取与分析 [M]. 北京: 科学出版社, 2000.

[19] GRASS Development Team. GRASS GIS 6.4.0 参考手册 [EB/OL]. 张良, 译. (2012 – 10 – 29). http://wenku. baidu. com/view/8ab200f4f90f76c661371a6b. html.

**附: 教师点评**

  本项目充分体现了学生的自主探究能力, 从研究课题的选择, 严谨的数据收集与处理, 完整的探究过程, 规范的论文结构, 创新性的思路与方法及对基础空间信息技术的应用, 到最后的结论与建议, 深刻地剖析了社会问题, 其方法与思路具有可扩展性。

# 第五章　仰望星空

 **导引**

> 天文学是人类认识各类天体、认识宇宙万物规律的自然学科，自农耕时代起就伴随人类走过了多少个世纪。天文学分支广泛，既涉及天体的形成与演化，又涉及天体的运行轨迹，人类将天文现象用于历法都是天文学的范畴。天文学既是一门基础学科，研究事物的本质规律，又是一门与人类生活息息相关的学科，航天技术在国防军事中的应用就是最好的例子。
>
> 为了让学生更全面地接触和了解天文学，天文大数据实验室从科普入门、动手制作、观测记录到数据分析及处理，通过若干个不同层次的仪器设备，并设计对应的课程活动内容，满足不同年龄层次、不同兴趣层次、不同能力层次的学生的需求，从而实现立体完整的课程体系以及个性化的教学策略。

## 第一节　天文大数据实验室的配置

### 一、活动目标

旨在让学生全面系统地认识天文学所涵盖的内容，从现象到本质逐步深入地体会天文学的奥妙，培养其对天文学、自然科学的兴趣。

### 二、场地设施条件

#### （一）场地条件

天文大数据实验室应具备可无偿使用、使用面积达 100 $m^2$ 的大层高空间，可采用传统的屋顶天文台方式，或者地下两层互通的方式，同时应具备开展活动所必需的基础条件，包括机房桌椅、天文观测仪器存放柜、电源接口、上下水、应急设施等。

（二）设施条件

（1）科技辅导员专用设施：高内存、优质显卡配置的个人计算机一台，带鱼眼镜头的高分辨率投影仪一台，直径为 8 m 以上的投影球幕一个。

（2）学生活动专用设施：口径为 60 mm 以上的折射或反射望远镜若干，学生计算机台位若干。

（3）实验室辅助设施：网络、多媒体设备（调音器、功率放大器等，用于实现影片资源的声音输出）。

## 三、 人员配备条件

天文大数据实验室需配备 1 名具有天文学专业背景的专职科技辅导员，1 名理工科专业背景的兼职科技辅导员，并建立一支 3 人以上的科技辅导员志愿者队伍。

## 四、 容纳学生数量

科普影片播放建议 30 人左右为宜，其他天文活动或课程建议 10 人左右为宜。

## 五、 开放时间

工作日固定时间开放、节假日预约开放，或其他方式均可。

## 六、 活动内容

（1）天文学基础知识科普：如球幕影片的播放、利用天文软件模拟天文现象等。

（2）天文相关主题的设计与动手制作：如活动星图、望远镜模型、天文艺术品等。

（3）典型天文现象的观测与记录：如太阳黑子、高精度月面成像、行星运行轨迹、流星雨等。

（4）常见天文数据的获取处理与分析：如太阳二维成像、恒星光谱、人造天体轨迹等。

## 七、 活动形式

个人或小组授课、观影、动手、探究、展示等。

## 八、 天文大数据实验室的建设案例

北京市第三十五中学的天文大数据实验室一期实景如图 5-1 所示。

（a）全天星空图

（b）天象厅

（c）配套机房

图 5 – 1　北京市第三十五中学的天文大数据实验室一期实景图

## 第二节　仰望星空活动案例

### 案例 1　仰望星空动手制作案例：反射式望远镜缩比模型

#### 一、　活动目标

　　学生自主设计望远镜造型，并按照工程化的思维将目标任务拆分，在指定时间内分阶段确定子目标，通过分工合作的方式协作完成。希望通过小组活动的方式培养学生的工程思维、时间管理意识，全面提高其沟通协商能力、创新思维能力、表达展示能力等。

## 二、 活动时长

30～40 课时。

## 三、 活动人数

4～5 人。

## 四、 活动所需器材

鼓励学生利用常规工具，鼓励废物利用。

（1）废旧纸箱、KT 板、彩色/纯白 A4 纸；

（2）彩笔（中性笔、记号笔、油漆笔等）、尺子、圆规、量角器；

（3）剪刀、粘胶类（胶水、胶棒、胶带等）。

## 五、 活动过程

（1）背景收集，原理学习。

（2）组内分工，确定主题。

（3）草图绘制，核心细节讨论，如图 5－2 所示。

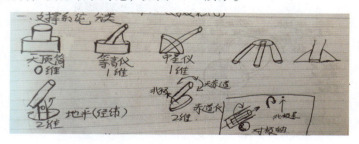

**图 5－2　望远镜转动轴的实现方案**

（4）零件制作，拼接组装，如图 5－3 所示。

**图 5－3　望远镜模型的制作过程**

（5）细节优化，完成成品，如图 5 - 4 所示。

图 5 - 4　望远镜缩比模型成品

（6）汇报展示。

## 六、　安全注意事项

在制作过程中，注意工具使用的规范性，如 502 胶、剪刀或其他硬材质物品等，避免造成不必要的人身伤害。

**案例 2　仰望星空创新探究课题案例：基于依巴谷星表的赫罗图绘制及恒星演化状态的判定**

## 一、　研究背景

恒星演化是指一颗恒星从诞生、成长、成熟到衰亡的过程，其过程十分缓慢，人类不可能完整观测到一颗恒星的演化过程，所以目前人类主要用计算机进行恒星演化的模拟。刚刚诞生的恒星叫做原始星，其中，质量非常小（小于 0.08 倍的太阳质量）的原始星的温度达不到核聚变的程度，于是它们便成了褐矮星，在宇宙中慢慢变凉。大部分质量较大的恒星的中心温度可达到 $10^7$ K，这时氢会聚变成氦，恒星开始自主发光，当恒星内部达到一个静态平衡时，它便从此进入了一个相对稳定的阶段。

恒星成长到中年时期处于主序星阶段，这时恒星已经有了不同的颜色和大小。恒星的光度与颜色依赖于其表面温度，而温度则依赖于其质量。恒星的质量越大，氢燃烧的速度就越快，其表面温度越高。通常把小而冷的恒星叫做红矮星，其氢燃烧的速度缓慢，会在赫罗图（Hertzsprung – Russel diagram，简写为 H – R diagram，是由丹麦天文学家赫茨普龙及美国天文学家罗素分别于 1911 年和 1913 年各自独立提出的，两位天文学家用不同的方法和途径得出了相同的结论，所以这张图用两位天文学家的名字命名，称为赫罗图）的主星序特定点上停留很长时间（数千亿年），大且热的恒星叫做超巨星，其氢燃烧的速度快，仅在赫罗图主星序特定点上停留几百万年。太阳也位于赫罗图主星序特定点上，目前正处在中年时期，终有一日它也会离开主星序。

在恒星形成几百万年到几千亿年之后，恒星会耗尽核心中的氢，仅留下一个氦核，而质量大的恒星会比质量小的恒星燃尽氢的速度快，温度高。其中，质量大的恒星的氦核温度将达到 $10^8$ K，此时恒星便开始进行氦聚变，而受热的核心会造成恒星体积的胀大，达到其在主星序上的几百倍，成为红巨星。质量小的恒星在燃尽氢后，温度达不到氦聚变的要求，便逐渐冷却，形成白矮星。

恒星从晚年到衰亡可能有 3 种冷态：白矮星、中子星、黑洞。这由其本身的质量决定。

人类最初并不知道恒星演化这一现象。抛开星体亮度、大小等特征，人们把天体分为两类，位置长期恒定不变的天体称为恒星，做周期性运动的天体称为行星，从而抽象出恒星的概念。对恒星的分类一开始也仅限于表象，例如，中国古代以恒星视位置为依据将全天划分为三垣二十八宿，以视亮度为依据将肉眼所能见到的恒星分为 6 个星等，等等。随着观测手段和分析方法的改进，人们对恒星的认识也超越了表象的范围，开始步入了对物理属性的探究，从而可以更深一步地揭示恒星的系统分类。直到赫罗图的发明，人们才得以直观地观察恒星的演化过程，并从理论上给出了恒星从诞生、成长、成熟到衰退死亡的演化机制和模型，这是人类认识恒星世界的一个重大突破。赫罗图在研究恒星的演化中十分重要。由于恒星发生演变，其温度和光度都会发生改变，这也使它们在赫罗图上的位置发生变化。

## 二、 研究目的与思路

目前，赫罗图已成为天文学中一个常见的图表，但它的意义却非常重大，许多人都会使用它来解决一些关于恒星的问题，但现在很少有人会真正从零开始绘制一张赫罗图，从中感受天文研究方法的重要性。天体的特点决定了天文研究方法的特殊性，天体距离的大空间尺度首先限定了天文的方法以"被动"的观察和测算为主，而观测只能以摄取天体辐射的方式进行，得出其他数据又需要量与量之间的转化。同时，天体演化的大时间尺度又限定了要用"一瞬间"的观测去研究几百万年至几百亿年的演化过程，再加上天体的数量庞大，不能一一观测，只能适当的选取样本，靠统计和分析来总结天体的集体性特征。天体的温度、光度等，不是在恒星上直接测得的，而是在地球表面上摄取的辐射中包含的信息。赫罗图对恒星的分类是对大量恒星统计并分析的结果，因此，以赫罗图为基础的天文研究方法既可以看作是只研究恒星的"特殊方法"，又可以看作是包含几种一般方法的"一般方法"。

### 三、 器材与方法

本项目收集了依巴谷星表中 10881 个恒星的信息，并采用转化、统计等方法，用 Excel 表格绘制完成了赫罗图，并粗略总结了赫罗图的意义。

### 四、 研究过程

本项目先用视星等与视差计算出绝对星等和光度，分别用以作为赫罗图的纵坐标；接着整理出星体的色指数，作为赫罗图的横坐标，其流程见图 5-5。

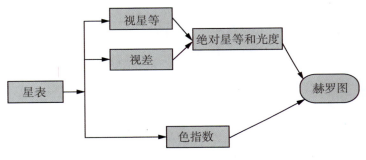

图 5-5　赫罗图绘制流程图

#### （一） 收集数据

##### 1. 星表的含义

星表是记载天体各个参数（如位置、星等、光谱类型等）的表册。人类从很久以前就开始通过天文观测编写星表。不同的星表所记载的天体有差异，同一天体记载的数据类型有差异，同一天体同一参数的数据也会有差异。所以要选择参数更全，准确度更高的星表作为依据。

##### 2. 选择星表

第 2 版的依巴谷星表是目前位置精确度最高的科学数据，其包括的恒星总数为 120313 个，极限星等为 13 等，精确度为 $10^{-3}''$。这份星表包含了大量高精度的天体位置测光数据，所以本项目选取依巴谷星表作为数据来源，其部分数据见表5-1。

表5-1 依巴谷星表(节选)

| Catalog | HIP | Proxy | RAhms DEdms | Vmag | VarFlag | (r) | RAdeg DEdeg | AstroRef | Plx | PmRA | pmDE | (e) | (e) | (e) | (e) | (e) | DE:RA | Plx:RA | Plx:DE | pmRA:RA | pmRA:DE | pmRA:Plx | pmDE:RA | pmDE:DE |
|---|---|---|---|---|---|---|---|---|---|---|---|---|---|---|---|---|---|---|---|---|---|---|---|---|
| ---- | ---- | ---- | | mag | ---- | (r) | deg deg | ---- | mas | mas/yr | mas/yr | (e) | (e) | (e) | (e) | (e) | --- | --- | --- | --- | --- | --- | --- | --- |
| H | 2 | | 00 00 00. | 9.27 | | G | 000.00379 | + | 21.90 | 181.21 | -0.93 | 1.28 | 0.70 | 3.10 | 1.74 | 0.92 | 0.12 | -0.14 | -0.24 | -0.29 | 0.01 | 0.21 | -0.02 | -0.19 |
| H | 3 | | 00 00 01. | 6.61 | | G | 000.00501 | | 2.81 | 5.24 | -2.91 | 0.53 | 0.40 | 0.63 | 0.57 | 0.47 | 0.06 | 0.09 | 0.04 | 0.43 | -0.01 | -0.06 | 0.03 | 0.24 |
| H | 4 | | 00 00 02. | 8.06 | | H | 000.00838 | | 7.75 | 62.85 | 0.16 | 0.53 | 0.59 | 0.97 | 0.65 | 0.65 | -0.22 | -0.09 | -0.03 | 0.24 | 0.20 | 0.08 | 0.18 | 0.08 |
| H | 5 | | 00 00 02. | 8.55 | | H | 000.00997 | | 2.87 | 2.53 | 9.07 | 0.64 | 0.61 | 1.11 | 0.67 | 0.74 | 0.10 | 0.24 | 0.06 | 0.20 | -0.10 | 0.20 | -0.16 | -0.30 |
| H | 6 | | 00 00 04. | 12.31 | | G | 000.01814 | | 18.80 | 226.29 | -12.84 | 4.03 | 2.18 | 4.99 | 6.15 | 3.20 | 0.35 | -0.01 | 0.03 | -0.11 | -0.02 | 0.47 | -0.02 | 0.03 |
| H | 7 | | 00 00 05. | 9.64 | | G | 000.02255 | | 17.74 | -208.12 | -200.79 | 1.01 | 0.79 | 1.30 | 1.13 | 0.82 | 0.32 | 0.08 | -0.02 | -0.04 | 0.12 | 0.06 | 0.11 | 0 |
| H | 8 | | 00 00 06. | 9.05 | | H | 000.02729 | | 5.17 | 19.09 | -5.66 | 1.70 | 0.93 | 1.95 | 1.54 | 0.88 | 0.27 | -0.66 | -0.36 | -0.38 | -0.12 | 0.36 | -0.21 | -0.24 |
| H | 9 | | 00 00 08. | 8.59 | 3 | H | 000.03534 | | 4.81 | -6.30 | 8.42 | 0.86 | 0.55 | 0.99 | 1.02 | 0.65 | 0.03 | 0.16 | -0.01 | 0 | 0.07 | -0.02 | 0.08 | 0.04 |
| H | 10 | | 00 00 08. | 8.59 | | H | 000.03625 | | 10.76 | 42.23 | 40.02 | 0.77 | 0.73 | 1.10 | 0.98 | 0.82 | -0.13 | -0.24 | 0.11 | 0.01 | -0.07 | 0.06 | 0 | -0.18 |
| H | 11 | | 00 00 08. | 7.34 | | H | 000.03730 | | 4.29 | 11.09 | -2.02 | 0.52 | 0.51 | 0.84 | 0.53 | 0.54 | 0.09 | 0.20 | 0.31 | -0.30 | 0 | -0.11 | 0.06 | 0.21 |

（二）处理数据

赫罗图的横坐标是光谱类型与表面温度，纵坐标是绝对星等或光度。摩根－肯那光谱分类法是目前最通用的恒星分类法，其沿用了哈佛光谱序列 O—B—A—F—G—K—M，从左往右恒星温度逐渐降低。但用宽波段 UBV 测光系统测定天体的颜色，要比分析光谱类型方便，所以本项目采用色指数（B－V）作为横坐标［关于 UBV 及色指数（B－V）的详细说明可参见本部分"2. 色指数"］。观测到的视星等，经过距离修正后成为绝对星等，再经过计算成为光度。

### 1. 计算绝对星等与光度

（1）星等：衡量天体亮度的量。星等数值越大，星体的光就越暗，星等数值越小，星体就越亮。星等数值每相差 1，亮度大约相差 2.512 倍。

（2）视星等：观测者用肉眼所看到的天体的亮度，可以有负数。但是，视星等既与天体发光能力有关，也与星体和观测者之间的距离有关，因此视星等并不能直接表示星体的发光能力。依巴谷星表中并没有直接的绝对星等与光度数据，所以本项目统计了星体的视星等，为下文计算绝对星等和光度做准备。

所选天体的视星等数据节选见表 5－2。

表 5－2　依巴谷星表中的视星等数据（节选）

| 序号 | 视星等 | 序号 | 视星等 | 序号 | 视星等 | 序号 | 视星等 | 序号 | 视星等 | 序号 | 视星等 |
|---|---|---|---|---|---|---|---|---|---|---|---|
| 1 | 9.27 | 18 | 6.53 | 6174 | 7.48 | 6191 | 8.44 | 10850 | 8.77 | 10867 | 9.43 |
| 2 | 6.61 | 19 | 8.51 | 6175 | 9.48 | 6192 | 6.31 | 10851 | 9.28 | 10868 | 8.13 |
| 3 | 8.06 | 20 | 7.55 | 6176 | 8.89 | 6193 | 8.72 | 10852 | 9.55 | 10869 | 9.61 |
| 4 | 8.55 | 21 | 8.69 | 6177 | 8.87 | 6194 | 7.68 | 10853 | 7.70 | 10870 | 8.93 |
| 5 | 12.31 | 22 | 7.57 | 6178 | 8.13 | 6195 | 10.00 | 10854 | 8.64 | 10871 | 7.82 |
| 6 | 9.64 | 23 | 9.05 | 6179 | 8.39 | 6196 | 7.87 | 10855 | 8.82 | 10872 | 7.56 |
| 7 | 9.05 | 24 | 6.28 | 6180 | 8.45 | 6197 | 8.71 | 10856 | 9.07 | 10873 | 7.78 |
| 8 | 8.59 | 25 | 9.13 | 6181 | 7.48 | 6198 | 7.39 | 10857 | 8.99 | 10874 | 9.56 |
| 9 | 8.59 | 26 | 9.32 | 6182 | 8.43 | 6199 | 8.26 | 10858 | 10.61 | 10875 | 8.59 |
| 10 | 7.34 | 27 | 8.83 | 6183 | 8.75 | 6200 | 8.46 | 10859 | 8.33 | 10876 | 9.52 |
| 11 | 8.43 | 28 | 9.14 | 6184 | 7.29 | 6201 | 7.64 | 10860 | 9.41 | 10877 | 8.45 |
| 12 | 8.80 | 29 | 8.26 | 6185 | 10.22 | 6202 | 7.00 | 10861 | 7.49 | 10878 | 9.07 |
| 13 | 7.25 | 30 | 7.63 | 6186 | 7.83 | 6203 | 6.16 | 10862 | 8.37 | 10879 | 4.08 |
| 14 | 8.60 | 31 | 9.09 | 6187 | 7.45 | 6204 | 7.57 | 10863 | 7.00 | 10880 | 8.93 |
| 15 | 8.15 | 32 | 8.10 | 6188 | 9.40 | 6205 | 9.59 | 10864 | 8.35 | … | … |
| 16 | 11.71 | 33 | 6.43 | 6189 | 7.45 | … | … | 10865 | 9.00 | | |
| 17 | 11.03 | … | … | 6190 | 7.06 | 10849 | 8.42 | 10866 | 8.94 | | |

（3）视差：从相差一定距离的两个点上观察同一个目标所产生的方向差异。

利用视差和视星等通过式（5-1）或式（5-2）计算，可以求出本项目所需的绝对星等。从依巴谷星表中整理出所选星体的视差，为下文计算绝对星等做准备。

整理完成的视差数据节选见表5-3。

表5-3　依巴谷星表中的视差数据（节选）

| 序号 | 视差 | 序号 | 视差 | 序号 | 视差 | 序号 | 视差 | 序号 | 视差 | 序号 | 视差 |
|---|---|---|---|---|---|---|---|---|---|---|---|
| 1 | 21.90 | 18 | 4.12 | 5190 | 12.95 | 5207 | 1.05 | 10850 | 14.81 | 10867 | 23.73 |
| 2 | 2.81 | 19 | 10.76 | 5191 | 18.53 | 5208 | 5.92 | 10851 | 13.91 | 10868 | 9.83 |
| 3 | 7.75 | 20 | 5.84 | 5192 | 1.40 | 5209 | 1.28 | 10852 | 3.23 | 10869 | 9.62 |
| 4 | 2.87 | 21 | 4.47 | 5193 | 66.46 | 5210 | 9.75 | 10853 | 6.30 | 10870 | 5.28 |
| 5 | 18.80 | 22 | 12.21 | 5194 | 3.63 | 5211 | 4.18 | 10854 | 9.56 | 10871 | 7.44 |
| 6 | 17.74 | 23 | 9.73 | 5195 | 8.67 | 5212 | 20.54 | 10855 | 32.50 | 10872 | 4.20 |
| 7 | 5.17 | 24 | 13.74 | 5196 | 0.64 | 5213 | 1.88 | 10856 | 13.25 | 10873 | 0.06 |
| 8 | 4.81 | 25 | 9.19 | 5197 | 2.40 | 5214 | 11.68 | 10857 | 1.85 | 10874 | 6.50 |
| 9 | 10.76 | 26 | 9.66 | 5198 | 7.05 | 5215 | 12.19 | 10858 | 3.94 | 10875 | 2.47 |
| 10 | 4.29 | 27 | 5.64 | 5199 | 10.00 | 5216 | 3.67 | 10859 | 2.14 | 10876 | 8.64 |
| 11 | 4.06 | 28 | 2.85 | 5200 | 1.05 | 5217 | 11.11 | 10860 | 4.22 | 10877 | 1.25 |
| 12 | 3.49 | 29 | 3.79 | 5201 | 20.28 | 5218 | 5.77 | 10861 | 3.60 | 10878 | 37.34 |
| 13 | 5.11 | 30 | 1.84 | 5202 | 2.08 | 5219 | 21.01 | 10862 | 3.88 | 10879 | 24.10 |
| 14 | 2.45 | 31 | 3.10 | 5203 | 6.57 | 5220 | 2.08 | 10863 | 7.20 | 10880 | 4.80 |
| 15 | 6.15 | 32 | 8.94 | 5204 | 13.96 | 5221 | 0.77 | 10864 | 1.65 | … | … |
| 16 | 0.53 | 33 | 12.71 | 5205 | 2.11 | … | … | 10865 | 9.58 | | |
| 17 | 19.93 | … | … | 5206 | 34.85 | 10849 | 7.09 | 10866 | 1.46 | | |

（4）绝对星等：前文所统计的视星等只是用肉眼观察到的恒星光度，而不是天体自身真正的光度，因此不能在恒星表面上直接测量其光度，于是天文学家假定把恒星放在距离地球10 s差距的地方，测得恒星的亮度，它反映了恒星真实的发光本领。

绝对星等和视星等可以通过距离和视差进行转化，见式（5-1）或式（5-2）。

$$M = m + 5\lg\frac{d_0}{d} \tag{5-1}$$

或

$$M = m + 5\ (1 + \lg\pi) \tag{5-2}$$

其中，$M$ 为绝对星等；$m$ 为视星等；$d$ 为距离；$d_0$ 为 10 s 差距，即 3.2616 光年；$\pi$ 为天体视差，单位为角秒（"）。

前文已经整理了天体的视星等 $m$ 和视差 $\pi$，将数据带入式(5-2)中，求出绝对星等 $M$。绝对星等 $M$ 计算过程及结果节选见表5-4。

表5-4　绝对星等的计算过程（节选）

| 序号 | 视差（$\pi$）" | $\lg\pi$ | $1+\lg\pi$ | $5（1+\lg\pi）$ | 视星等（$m$） | 绝对星等（$M$） |
|---|---|---|---|---|---|---|
| 1 | 0.0219 | -1.65955589 | -0.65955589 | -3.29777943 | 9.27 | 5.97 |
| 2 | 0.00281 | -2.55129368 | -1.55129368 | -7.7564684 | 6.61 | -1.15 |
| 3 | 0.00775 | -2.1106983 | -1.1106983 | -5.55349149 | 8.06 | 2.51 |
| 4 | 0.00287 | -2.5421181 | -1.5421181 | -7.71059052 | 8.55 | 0.84 |
| 5 | 0.0188 | -1.72584215 | -0.72584215 | -3.62921075 | 12.31 | 8.68 |
| 6 | 0.01774 | -1.75104638 | -0.75104638 | -3.75523192 | 9.64 | 5.88 |
| 7 | 0.00517 | -2.28650946 | -1.28650946 | -6.43254728 | 9.05 | 2.62 |
| 8 | 0.00481 | -2.31785492 | -1.31785492 | -6.58927462 | 8.59 | 2.00 |
| 9 | 0.01076 | -1.96818773 | -0.96818773 | -4.84093864 | 8.59 | 3.75 |
| 10 | 0.00429 | -2.36754271 | -1.36754271 | -6.83771354 | 7.34 | 0.50 |
| 11 | 0.00406 | -2.39147397 | -1.39147397 | -6.95736983 | 8.43 | 1.47 |
| 12 | 0.00349 | -2.45717457 | -1.45717457 | -7.28587287 | 8.80 | 1.51 |
| 13 | 0.00511 | -2.2915791 | -1.2915791 | -6.4578955 | 7.25 | 0.79 |
| 14 | 0.00245 | -2.61083392 | -1.61083392 | -8.05416958 | 8.60 | 0.55 |
| 15 | 0.00615 | -2.21112488 | -1.21112488 | -6.05562442 | 8.15 | 2.09 |
| ... | ... | ... | ... | ... | ... | ... |

以织女星为例：其视星等 $m=0.03$，视差 $\pi=0.12901''$，将已知数据代入式(5-2)，经计算可得织女星的绝对星等 $M=0.58$。

（5）光度：物体在单位时间内辐射出的总能量。影响恒星光度的因素主要有两项：恒星的表面面积和恒星的表面温度。表面积大的恒星有较大的面积发出光能，所以光度较大。恒星的表面温度较高，发出较多光能，因此光度也较大。

恒星的光度与绝对星等之间关系密切，绝对星等相差1等，光度相差2.512倍，例如，绝对星等为1等星的光度是绝对星等为2等星的2.512倍，是绝对星等为6等星的100倍。于是便发现了一个规律：

$$\frac{L_2}{L_1}=2.512^{M_1-M_2} \tag{5-3}$$

其中，$L_1$ 与 $M_1$ 为同一个恒星的光度和绝对星等；$L_2$ 与 $M_2$ 为另一恒星的光度和绝对星等。

本项目将绝对星等为0等的恒星光度设为1，于是得到：

$$L=2.512^{-M} \tag{5-4}$$

前文已计算出所选恒星的绝对星等 $M$，将数据代入式（5-4）可得其光度 $L$，结果见表 5-5。

表 5-5　光度的计算结果（节选）

| 序号 | 绝对星等（$M$） | 光度（$L$） | 序号 | 绝对星等（$M$） | 光度（$L$） |
|---|---|---|---|---|---|
| 1 | 5.97 | 244.91 | 9 | 3.75 | 31.60 |
| 2 | -1.15 | 0.35 | 10 | 0.50 | 1.59 |
| 3 | 2.51 | 10.06 | 11 | 1.47 | 3.88 |
| 4 | 0.84 | 2.17 | 12 | 1.51 | 4.03 |
| 5 | 8.68 | 2968.15 | 13 | 0.79 | 2.07 |
| 6 | 5.88 | 225.96 | 14 | 0.55 | 1.65 |
| 7 | 2.62 | 11.14 | 15 | 2.09 | 6.88 |
| 8 | 2.00 | 6.31 | … | … | … |

以织女星为例：其绝对星等 $M=0.58$，将其代入式（5-4），得 $L=0.584$。

### 2. 色指数

同一天体在任意两个波段内的星等差（短波段减长波段）叫做色指数，是在天文中利用颜色来显示恒星表面温度的一个纯量。要测量出这个指数需要使用两种不同的滤镜，U 和 B 或 B 和 V，U 是对紫外线灵敏的滤镜，B 是对蓝光灵敏的滤镜，V 是对黄色可见光灵敏的滤镜。使用不同滤镜测得的光度差分别称为 U-B 或 B-V 的色指数。严格来说，需要根据天体的温度范围来选择适当的色指数，本项目将采用 B-V 色指数作为赫罗图的横坐标。

所选星体的色指数数据节选见表 5-6。

表 5-6　色指数的计算结果（节选）

| 序号 | 色指数 | 序号 | 色指数 | 序号 | 色指数 | 序号 | 色指数 |
|---|---|---|---|---|---|---|---|
| 1 | 0.999 | 18 | 0.955 | 10849 | 0.430 | 10866 | 1.053 |
| 2 | 0.019 | 19 | 0.516 | 10850 | 0.701 | 10867 | 0.905 |
| 3 | 0.370 | 20 | 1.438 | 10851 | 0.652 | 10868 | 0.684 |
| 4 | 0.902 | 21 | 0.962 | 10852 | 0.493 | 10869 | 0.620 |
| 5 | 1.336 | 22 | 0.456 | 10853 | 0.401 | 10870 | 0.610 |
| 6 | 0.740 | 23 | 0.528 | 10854 | 0.528 | 10871 | 0.375 |
| 7 | 1.102 | 24 | 0.763 | 10855 | 0.918 | 10872 | 0.935 |
| 8 | 1.067 | 25 | 0.535 | 10856 | 0.568 | 10873 | 2.260 |
| 9 | 0.489 | 26 | 0.671 | 10857 | 0.122 | 10874 | 0.725 |
| 10 | 0.081 | 27 | 0.468 | 10858 | 0.248 | 10875 | 1.386 |

| 序号 | 色指数 | 序号 | 色指数 | 序号 | 色指数 | 序号 | 色指数 |
|------|--------|------|--------|-------|--------|-------|--------|
| 11 | 1.484 | 28 | 1.041 | 10859 | 0.067 | 10876 | 0.482 |
| 12 | 1.128 | 29 | 0.142 | 10860 | 1.613 | 10877 | 0.889 |
| 13 | 1.200 | 30 | 1.453 | 10861 | 0.100 | 10878 | 1.079 |
| 14 | 1.166 | 31 | 0.020 | 10862 | 1.155 | 10879 | 0.034 |
| 15 | 0.425 | 32 | 0.466 | 10863 | 0.244 | 10880 | 0.361 |
| 16 | 0.421 | 33 | 0.514 | 10864 | 1.394 | … | … |
| 17 | 1.567 | … | … | 10865 | 0.480 | | |

### 3. 整理数据

将前文所得的绝对星等、光度和色指数用 Excel 表格整理,为做图工作做准备。

## 五、 结果与讨论

### (一) 赫罗图的绘制

建立一个平面直角坐标系,根据赫罗图的定义,横坐标是光谱类型,用色指数 $B-V$ 表示,纵坐标是绝对星等和光度。将得到的数据整理后,代入已经建立好的坐标系,完成赫罗图绘制,如图 5-6、图 5-7 所示。

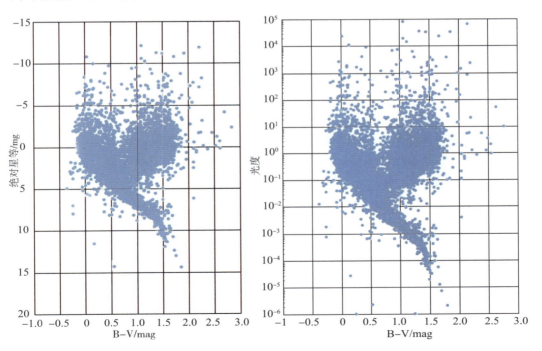

图 5-6　纵坐标为绝对星等的赫罗图　　　图 5-7　纵坐标为光度的赫罗图

将本项目绘制完成的赫罗图与标准赫罗图对比，发现两图在图形上大体相同，横、纵坐标的范围较为准确，但纵坐标的误差偏大，见图 5 - 8。

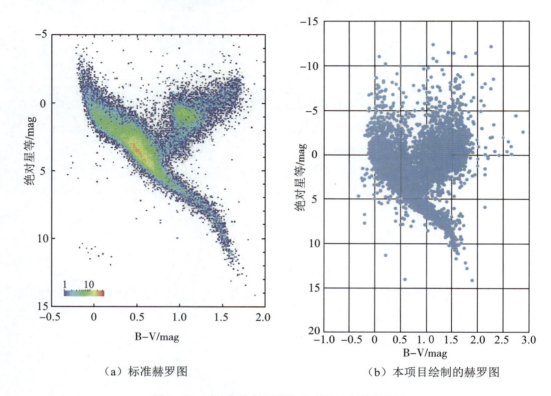

（a）标准赫罗图　　　　　　　　　（b）本项目绘制的赫罗图

**图 5 - 8　对比标准赫罗图与本项目绘制的赫罗图**

通过对比发现，主序星和红巨星的位置较为准确，但赫罗图右上角的超巨星和左下角的白矮星并没有在本项目绘制的赫罗图里体现出来，探究者认为造成这种现象的原因主要是由于样本数量不足以及数据计算误差所致。本项目只选取了 10881 个天体样本，这个数字对于天文来说非常渺小，因此样本中可能没有包含较多的超巨星与白矮星。由于设备有限，进行复杂运算时所得到的数据不是非常精确，并且有些数据本身的误差就较大，这也会对最终的赫罗图造成影响。

## 六、结论

在赫罗图出现之前，人们对恒星的分类仅限于表象，如肉眼所看见的天体亮度大小，天体的位置是稳定不变或是做周期性运动，等等。虽说人类已经总结出一些规律，但那些只是表面现象。随着测量工具和研究方法的进步，人类不满足于对表面现象的了解，逐渐从表面现象深入到本质，并根据物理属性给予了恒星系统性的分类。赫罗图证实了人类对恒星研究的进步，迄今为止，有关恒星的物理性质和化学成分的知识几乎都是从恒星的光谱中分析所得，因此恒星光谱的建立意义十分重大。只要按照恒星的光谱特征将其归入光谱型序列中，便可根据恒星大气理论直接推出一般的物理状态和化学成分。对于那些难以观测光谱的暗星，可以借助测量其辐射能来获取恒星的某些物理信息。而按辐射能的多少可采用"星等"对恒星进行分类，由辐射探测器收集到的视星等 $m$，经过距离修正得到能真正反映恒星辐射能力的绝对星等 $M$。测量辐射能的大小不仅只是对分析光谱类型的一种补充，也是恒星分类不可分割的一部分。

恒星的光谱类型受其温度和光度两种因素的影响，只有同时考虑这两种因素，才能较为详细地反映恒星光谱类型的分类。而赫罗图正是在对恒星的温度与光度的二元分类研究中产生的。观察赫罗图的同一横坐标发现，在同一光谱类型中，恒星的表面光度差异也很大，这表明，光谱类型和光度并非一一对应。其中，光度很大的恒星被称为巨星，而光度小的称之为矮星。赫罗图呈现了恒星光谱类型与光度之间的关系，与光谱一元分类法中将同一光谱视为同类恒星相比，赫罗图能够更全面深刻地从物理本质上对恒星进行分类，有着一元分类法不可达到的精度，为人类研究恒星演化奠定了基础，实现了对恒星科学的分类。

## 七、 创新点与展望

众所周知，人的一生乃至整个人类文明史相对于恒星的历史都是非常短暂的，所以人类能积累起来的信息只不过是恒星一生中的"一瞬间"，这给研究恒星的演化带来了巨大困难。但因为恒星的诞生时间不同，处在各个阶段的恒星的特征也不同，于是天文学家便开始大规模地观测恒星的信息，并进行整理和分类，记载到星表中。

恒星在其内部结构的演变中演化，而且恒星的内部结构可由它的表面温度和光度推算。恒星的光谱中包含了丰富的恒星内部信息，也正如前文所述，恒星的光谱受温度和光度影响。此外，哈佛分类的光谱型与温度间具有确定的对应关系，所以恒星在赫罗图当中恒星的位置也就可以由光谱和温度唯一确定。当温度和光度随着时间的推移而变化，恒星的对应点在赫罗图上画出了一条称为"演化程"的线条，它形象地刻画出了恒星内部结构的变化过程，即恒星一生的演化过程。

以光谱和温度为依据做出来的二维图并非毫无规律，可以发现它们会集中在有限的几个区域，而这种特殊的分布必定包含着某种集体性的特性。于是将不同区域的恒星分别称为：主序星、红巨星、白矮星、新星等等。不同区域的恒星实质反映的是恒星演化的不同阶段，由于恒星的物质不同，所以各个阶段的形态特征也各不相同，这正是具有演化意义的分类。

假设观测到了一颗未知的恒星，并且记录了它的视星等与色指数，就可以由上述过程计算出其绝对星等并标注出其在赫罗图上的位置，于是就可以得知这颗未知恒星所处的大概时期，并推测出它大概的质量。知道了未知恒星的光度、温度与质量，可以确定恒星的内部结构，进而可以推论它的历史或者预测它的未来。

恒星的演化符合事情普遍发展的原则。任何物体永远都在运动和发展着，任意一刻任意群体中的任意一位成员都处在各自的演化阶段，此时处于同一阶段的成员在演化意义上构成同类，所以此时各成员以正确的顺序排序的序列便是单个成员的演化过程。

## 八、 参考文献

［1］C·弗拉马里翁. 大众天文学［M］. 北京：北京大学出版社，2013.

［2］洪韵芳. 天文爱好者手册［M］. 四川：四川辞书出版社，2006.

［3］宣焕灿. 天文学史［M］. 北京：高等教育出版社，1992.

［4］温韧，孙逸倩. 关于赫罗图的方法论思考［J］. 安徽教育学院学报（自然科学版），1997（1）：89—92.

［5］张雪松. 恒星演化之赫罗图［N］. 中国航天报. 2015 – 8 – 22（3）.

### 附： 教师点评

本项目在选题初期其实也是相当曲折坎坷的，推翻了若干个旧版本，在权衡了时间、难度（可行性）、创新点等各方面的因素之后，最终基本确定了该课题方向。

为了绘制赫罗图，两个坐标维度的数据是必不可少的，然而表面温度和亮度这两个物理量均无法直接测量得到，需要借助其他物理量的转化。学生经过再三考虑与讨论，决定采用星表作为基础数据来源，并在物理量转化的梳理过程中，逐步确定了依巴谷星表及其中特定的若干列数据，作为后期转化的基础。数据的获取也不是一帆风顺，从网络资源中找到完整的依巴谷星表已属不易；而原始的依巴谷星表包含的信息丰富，大量的非必要数据容易干扰物理量转化的思维过程，确定最终的有效数据来源需要头脑中有明确的目标和物理直觉。

除了获取数据，系统地处理和分析数据对于大多数中学生来说可以说是头一回。如何把表格数据转化为图？非均匀的坐标轴如何处理？数值范围如何限定？如何表示一定区域内数据量的累计程度？在不断的试错和改进之后，数据处理的结果才能一点点地逼近预想的图像，这是一个漫长且艰辛的过程。

任何一个探究课题都不是完美的，只能是阶段性的。所得结果与他人工作对比有何不同？有何改进之处？如果接着往下继续深入，还能够做些什么？这样的思考无论放到哪个学科都是适用的。虽然本课题在科研上的贡献微乎其微，但对于学生未来开展探究性课题的思维方法和一般性流程都有非常好的参考价值。

本项目获得2018年第38届北京青少年科技创新大赛物理与天文学领域三等奖。

# 第六章　探索微生物的奥秘

 **导引**

　　微生物是一类肉眼难以直接观察到，必须借助光学显微镜或电子显微镜放大几百倍、几千倍甚至几万倍才能观察到的微小生物的总称。微生物具有形体微小、结构简单，繁殖迅速、容易变异，种类繁多、分布广泛等特点。微生物是生命科学领域研究的重要对象，在生物经济、工业、农业、医药、食品、环境修复等领域发挥了越来越重要的作用，具有广泛的应用价值。

　　信息化生命科学实验室具有微生物实验、数码互动、信息化远程教学等功能。将多个功能合并建设在同一实验室内，既能节约大量资金，又能有效利用空间，同时还便于实验的开展，缩短实验的时间。在微生物实验区主要完成的实验有：微生物的分离与纯化、微生物的生理学研究、微生物的发酵、微生物新品种的筛选、果酒果醋的制作、酸奶的制作、微生物的显微观察、微生物生理活性的探究等。在数码互动实验区，可通过数码互动显微镜进行微生物的形态观察、微生物的活动规律探究、新发现的特性微生物的生理活动探究等实验。信息化远程教学系统实现了专家和同学的远程教学、指导实验等，大大提高了学生们的学习效率和学习效果。

## 第一节　信息化生命科学实验室的配置

### 一、活动目标

让学生在中学阶段接触生命科学前沿领域，认知生命科学发展动态，培养学生的科学素养、探究精神和创新意识。

## 二、 场地设施条件

### （一）场地条件

信息化生命科学实验室应具备可无偿使用、实用面积为 100 $m^2$ 的固定活动场所，以及开展活动所必需的基础条件，包括 4 组实验桌、20 把实验椅、实验桌上配备电源接口、上下水；为方便实验仪器和试剂的放置，需配备多套活动器材存放柜和 4 套药品存放柜；配备标准的应急设施和逃生通道等。

### （二）设施条件

（1）科技辅导员专用设施：计算机、投影仪及投影屏幕。

（2）学生活动专用设施：实验室建立 4 个研究平台。

生物技术实验平台，配备的设备包括：聚合酶链式反应（PCR）仪、凝胶成像系统、液相色谱、超声波破碎仪、液相色谱自动进样器、色谱柱紫外分光光度计、台式离心机、精密 pH 计等，如图 6 - 1 所示。该平台主要完成生物分子、生物学及生物化学探究性实验。

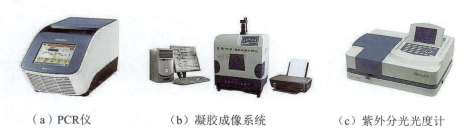

（a）PCR仪　　　　（b）凝胶成像系统　　　　（c）紫外分光光度计

（d）台式离心机　　　　（e）精密pH计

图 6 - 1　信息化生命科学实验室生物技术实验平台

生物培养实验平台，配备的设备包括：超净工作台、恒温摇床、恒温培养箱等，如图 6 - 2 所示。该平台主要完成微生物采集、培养、筛选方面的实验。

（a）超净工作台

（b）恒温摇床

（c）恒温培养箱

图 6-2　信息化生命科学实验室生物培养实验平台

　　显微数码互动平台,配备的设备包括:显微镜、计算机、多媒体教学系统、分光光度计等。该平台主要完成微生物显微观察、微生物生理学研究、微生物细胞学鉴定等实验。

　　实时交流平台,配备的设备包括:计算机、摄像头、远程教学系统等,如图 6-3 所示。该平台主要用于中国科学院微生物研究所的专家进行远程授课和指导学生实验等。

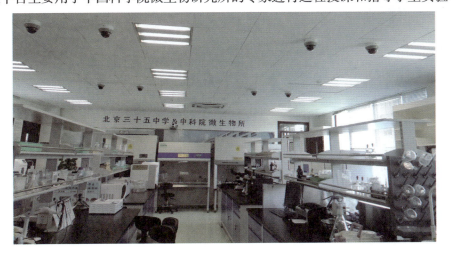

图 6-3　信息化生命科学实验室实时交流平台

（3）实验室辅助设施：置物箱、设备运转箱、展柜、货架、网络多媒体等。

## 三、 人员配备条件

信息化生命科学实验室需配备 1 名具有专业背景的专职科技辅导员和 1 名兼职科技辅导员，并建立一支 3 人以上的科技辅导员志愿者队伍。

## 四、 容纳学生数量

20 人左右。

## 五、 开放时间

工作日固定开放，节假日预约开放。

## 六、 活动内容

（1）普惠型课程：以微生物培养、观察、筛选、发酵条件优化等理论知识和基本技术为主要内容。

（2）扩展型课程：以各种环境微生物的采集、微生物发酵产物分析、微生物菌种分子生物鉴定等前沿研究技术为主要内容。

（3）探究型课程：以微生物为研究主题开发多个方向的课题：①污染气体中的微生物；②土壤污染的微生物修复；③分子生物学方法对环境微生物进行多样性分析；④污染水质的微生物修复；⑤植物与微生物共生关系；⑥蓝藻基因改造；⑦微生物堆肥发酵技术；⑧动物肠道微生物的研究；⑨微生物呼吸作用检测装置的开发；⑩产脂肪酶微生物的筛选等。

## 七、 活动形式

个人或小组探究、展示、培训、竞赛等。

## 八、 信息化生命科学实验室的建设案例

北京市第三十五中学信息化生命科学实验室如图 6 - 4、图 6 - 5 所示。该实验室经历了总体规划、平面设计、仪器的选择等一系列工作后，完成了全部建设内容。该实验室具有完善、合理、高效的实验室分区，最多可同时满足 20 人的同一课题探究实验，也可按不同课题同时进行多个实验的探究性研究。

图 6 - 4    信息化生命科学实验室三维效果图

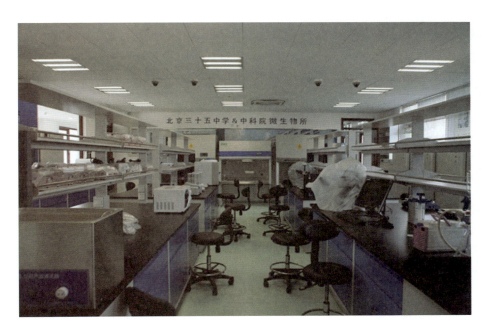

图 6 - 5    信息化生命科学实验室现场图

## 第二节　探索微生物的奥秘活动案例

### 一、　实验目标

了解微生物培养基的制备原理并掌握其制备过程，学习微生物接种、培养、观察方法，学习无菌操作技术，识别各大种类微生物的菌落特征，培养学生实验设计、动手实施、结果分析等实验能力。

### 二、　实验时长

8 h。

### 三、　实验人数

本实验需要有一定的物理、化学、生物知识为基础，适合初中或者具有初中学习能力的学生。为了教师能全面指导并让同学们深入参与到活动过程中，每次活动人数建议 20 人左右。

### 四、　实验所需器材

（1）实验溶液或试剂：牛肉膏，蛋白胨，琼脂，可溶性淀粉，10% NaOH，10% HCl，$KNO_3$，NaCl，$K_2HPO_4 \cdot 3H_2O$，$MgSO_4 \cdot 7H_2O$，$FeSO_4 \cdot 7H_2O$，$K_2HPO_4$，$CaSO_4 \cdot 2H_2O$，$CaCO_3$，$(NH_4)_2SO_4$。

（2）实验仪器和其他用具：铝锅，电炉，试管，三角瓶，烧杯，量筒，玻璃棒，天平，牛角匙，pH 值试纸，棉花，牛皮纸，记号笔，线绳，纱布，漏斗，漏斗架，胶管，止水夹，镊子等。

### 五、　实验过程

（一）配制培养基

配制培养基的基本步骤包括：称量、溶解、调节 pH 值、分装、灭菌。

（1）称量：按照培养基的配方，准确称取各种原料。

（2）溶解：容器中先加入部分蒸馏水，然后将称量好的各种原料依次放入水中；待各种药品充分溶解后，再补加蒸馏水到所需要的量；煮沸已配好的液体培养基，在沸腾或高热的状态下，加入琼脂，不断搅拌，以免糊底烤焦，直到琼脂完全融化为止，并补足在加热过程中所蒸发掉的水分。

（3）调节 pH 值：根据需要，可用 pH 值试纸或酸度计测定培养基的 pH 值，并用 10% NaOH 或 10% HCl 调节至所需要的酸碱度。

（4）分装：加热固体培养基使完全融化，然后用漏斗趁热分装在试管或三角瓶中。分装时不要让培养基沾在试管口或瓶口。一般试管的加入量为其高度的 1/5 ~ 1/4，三角瓶的加入量不得超过其高度的 1/3。

（5）灭菌：培养基分装好后应立即扎上封口膜，并放入高温高压蒸汽灭菌锅中进行灭菌，121 kPa，15 ~ 30 min。

灭菌完毕后，最好在恒温箱中培养 1 ~ 2 d，检查无杂菌生长证明无后菌，方能使用。制好的培养基要放在清洁的 4 ℃ 冰箱中保存备用。培养基保存时间不宜过长，否则将会由于失水干燥，不再适用。

（二）制备平板

在火焰旁边用右手持盛有培养基的三角瓶，用左手将封口膜取下，并保持瓶口始终对着火焰；然后用右手手掌边缘夹住封口膜，左手拿培养皿并将皿盖在火焰附近打开一条缝，迅速倒入培养基约 15 mL；加盖后轻轻摇动培养皿，使培养基均匀分布在培养皿底部，然后平置于桌面上，待冷凝后倒置即为平板。

（三）接种

1. 稀释涂布平板法

先将待分离的菌种材料用无菌水作一系列的稀释（菌种与无菌水的比例可设定为 1:10、1:100、1:1000、1:10000……），然后分别取不同稀释液 0.1 mL，利用涂布器均匀地涂布在培养基的表面。保温培养一定时间后即可出现菌落。如果稀释得当，在平板表面或琼脂培养基中就有可能出现分散的单个菌落，这个菌落可能就是由一个细菌细胞繁殖形成的。随后挑取该单个菌落，或重复以上操作数次，便可得到纯培养。

2. 平板划线法

（1）挑取菌种：选用平整、圆滑的接种环，按无菌操作法挑取少量菌种。

（2）划线：在酒精灯火焰旁边，右手拿接种环先划 3 ~ 4 条连续的平行线；划完后应立即烧掉环上的残余菌种，并将烧去残菌后的接种环在平板培养基边缘冷却一下；然后以上一次划线的末端为起始菌种再划线，通过多次划线到达稀释菌种的目的。

（3）灭菌：划线后最后灼烧接种环以免污染接种者和接种环境。

（四）恒温培养

将划线平板倒置，于 37 ℃（或 28 ℃）培养，24 h 后观察。

（五）培养菌种的显微观察

（1）用镊子取一洁净载玻片放在酒精灯的右侧桌面上，用记号笔在载玻片右侧注明观察菌体的名称。

（2）点燃酒精灯，取一小滴无菌水放于载玻片中央。

（3）用无菌操作取出少许菌种，置于载玻片水中，涂匀。

（4）用镊子取一洁净的盖玻片。先将盖玻片的一端与载玻片的菌液接触，然后缓缓放下盖玻片，注意避免产生气泡。

（5）将压滴标本放于显微镜下进行观察。

## 六、 安全注意事项

实验安全：在实验室动手制作环节，需要用到部分药品，指导教师需告知学生药品使用安全规则及药品后处理事项。

突发状况处理：活动实施前做好安全预案，提前上报学校安保部门，如出现突发状况，直接与安保部门联系。

### 案例 2　探索微生物的奥秘创新实验项目案例："探究酵母菌细胞呼吸的方式" 实验改进与探究

## 一、 研究背景

"探究酵母菌细胞呼吸的方式"是人教版《生物（八年级下册）》的探究性实验。其实验教学思路：呼吸作用是真菌的一种重要生理活动，是生命的基本特征之一。人体表现出来的呼吸现象显而易见，但是对真菌有没有呼吸作用这个问题，学生没有直观的感受，常常忽略了真菌的呼吸现象。其实酵母菌细胞呼吸在实际生活中是十分常见的。因此，在教学中组织一系列观察真菌呼吸的实验是十分必要的。在动手动脑、自主探究的学习活动中，感受真菌的呼吸作用及其产生二氧化碳（$CO_2$）并且释放出能量的过程，从而获得真菌呼吸作用的基础知识。通过这些实验，可初步了解进行有氧呼吸时的条件与产物，主动建构细胞呼吸的知识与概念，为后续细胞呼吸原理的学习奠定基础。本实验要求设计实验探究酵母菌在有氧条件下的产物，培养学生设计探究方案的能力，并通过探究理解酵母菌有氧呼吸的条件、结果、实质，提高学生生物科学素养。

### （一）教材中的实验

"探究酵母菌细胞呼吸的方式"是人教版《生物（八年级下册）》教材中"细菌与

真菌在自然界中的作用"的重要实验。教材中的实验方法为：在一杯温开水中加入一大勺糖和一小包酵母菌，进行搅拌；将这个杯子里的液体倒入一个透明的玻璃瓶或矿泉水瓶内，再向瓶内加一些温开水；将一个小气球挤瘪后套在瓶口；将瓶子放在教室内的窗台上，观察瓶中的情况，看看瓶中的液体会不会冒出气泡，气球会不会胀大。再对比高中生物书上的实验：使用锥形瓶并在锥形瓶口绑上气球，通过常温培养 8 ~ 10 h，使酵母菌发酵，发酵后能够观察到瓶中的液体冒出气泡；随后用澄清的石灰水证明酵母菌发酵后的产物为 $CO_2$。经调查发现，本实验耗材多、用时长、操作烦琐，很多教师在教学过程中不做实验或以读代做。

### （二）教材中实验的缺陷

（1）实验缺乏严谨性。人教版《生物（八年级下册）》教材在描述该实验过程时提到"在一杯温开水中加入一大勺糖和一小包酵母"，此没有对实验药品进行准确定量，实验误差较大。

（2）实验耗时较长。实验用时 8 ~ 10 h，不便于做到实验的随堂化。

（3）实验无法进行 $CO_2$ 的定量检测。酵母菌的呼吸速率在有氧和无氧的环境下具有差异。在教材中的实验，尽管可以通过对比实验证明酵母菌发酵后产生了 $CO_2$，却无法检测其气体体积；而且观察遇到 $CO_2$ 变浑浊的石灰水也无法明确地根据石灰水的浑浊程度测量酵母菌的呼吸速率。

（4）实验不能与生活实践相联系，不能应用于实际生活。

现阶段，关于酵母菌发酵实验的创新一般只针对实验装置的创新，无法实现更为理想的实验。

### （三）酵母菌发酵实验的检测

酵母菌是面包制作中必不可少的原料，其发酵效果的好坏直接影响到面包成品的质量。发酵力是衡量酵母菌发酵效果最重要的指标。酵母菌对面包的发酵力是指在 35 ℃按一定成分配置的面团在规定时间内经酵母菌发酵产生的 $CO_2$ 气体的量。目前，酵母菌对面包发酵力的测定方法有 3 种：一是直接用发酵仪器测定 $CO_2$ 气体的压力；二是用排水法测定 $CO_2$ 气体的排水量；三是用浮水法测定面团在水中浮起的时间。压力法与排水法都需要特定装置，且每套装置只能测定一个样品；浮水法虽然不需要特定装置，但对操作要求十分严格，在制作面团时必须保证各个面团的重量、形状、表面光滑度一致，才能得到准确的结果，但这些条件在实际生活中的面包制作中显然是不可控的。如果在实验中使用上述 3 种实验方法，将费时费力。

## 二、 研究目的与思路

人教版《生物（八年级下册）》教材中"探究酵母菌细胞呼吸的方式"实验的不

足具体包括：耗时较长，需要在 25～35 ℃ 的环境中培养 8～10 h，不利于课上的展示；实验误差较大，创设无氧环境较难；实验器材较多，药品用量较大，不利于分组实验的开展；定量检测产生气体的方法较难，无法利用简便的装置定量观察产生的气体体积；同时还不利于结合生活实际进行体验和测试。针对教材中实验的不足，本项目探究小组进行了相关研究，在实验材料的易得性、装置的简便性、实验结果的明显性、实验时间的可控性等方面进行了仪器和实验创新。同时，本项目将实验创新点应用在实际生活中，选择用制作面包来进行测试和定论。在论证酵母菌细胞呼吸产生气体这一结论的同时，通过改进仪器创新了定量测定气体体积的方法细节，使其更适用于实际生活。

## 三、 器材与方法

实验器材：活性干酵母菌（"安琪"牌高活性干酵母菌）、葡萄糖、蔗糖、锥形瓶、气球、恒温培养箱、pH 值试纸、氢氧化钠溶液、盐酸、注射器、橡胶管、塑料滴管。

实验方法：气球检测法、注射器反应体系、注射器与滴管连接体系、实验室改进仪器应用于实际面包发酵效果检测体系。

## 四、 研究过程

（1）取 2 g 活化酵母菌放入烧杯中，并向烧杯中加入 50 mL 的蒸馏水，用玻璃棒搅拌，混合均匀，使其活化。

（2）气球检测法：见图 6–6。将活化酵母菌进行不同温度、不同糖类培养液浓度、不同 pH 值的处理后倒入锥形瓶中，将气球挤瘪后套在瓶口，每 10 min 观察一次气球变化并拍照记录，30 min 后取出比较，观察不同条件下气球的变化，从而判断酵母菌发酵产生的气体量。

图 6–6　气球检测反应体系

（3）注射器反应体系：见图 6-7。将两个注射器用橡胶管连接，在其中一个注射器内放入酵母培养液，观察其产生的气体推动另一个注射器的活塞移动，利用被推动距离即可计算得到产生气体的体积。

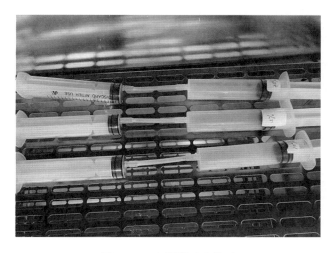

图 6-7　注射器反应体系

（4）注射器与滴管连接体系：见图 6-8。将塑料滴管内吸入 1 滴水，剪开滴管并将其尖端用橡胶管与注射器连接，注射器内的酵母菌培养液在 35 ℃下产生 $CO_2$，推动水滴移动，利用水滴被推动距离即可推算出产生的气体体积。

图 6-8　注射器与滴管连接体系

（5）实验室改进仪器应用于实际面包发酵效果检测体系：见图 6-9。其原理是在面包发酵过程中，用一根装有短小水柱的吸管与面包发酵体系相连，酵母菌发酵产生 $CO_2$，$CO_2$ 从发酵体系中挥发出来进入吸管，利用吸管内水柱的表面张力观察它被推出吸管的时间，并依此衡量酵母菌对面包的发酵力。

图 6 - 9    实验室改进仪器应用于实际面包发酵效果检测体系

## 五、 结果与讨论

采用气球检测法，综合不同温度、不同糖类培养液浓度、不同 pH 值处理 3 个单因素实验结果，见图 6 - 10 ~ 图 6 - 15，可得：2 g 活性干酵酵母菌在 5% 蔗糖溶液、实验温度为 35 ℃、pH 值为 6 时，产生的气体最多。实验证明，气球气体收集法可以在短时间内观察到酵母菌通过细胞呼吸作用产生的一定量 $CO_2$ 气体，也可以定性比较出不同条件对酵母菌呼吸作用的影响，但是本套实验仪器不能定量测定酵母菌呼吸作用的强弱和产生的 $CO_2$ 体积。同时，实验气球的大小差异、漏气性等问题，将导致实验误差较大。因此，本项目进一步设计了注射器反应体系。

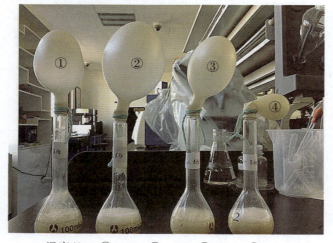

温度/℃：①—45    ②—35    ③—25    ④—15

图 6 - 10    不同温度酵母菌呼吸作用产生气体的影响

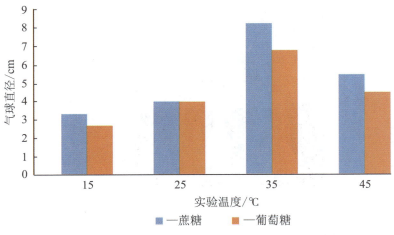

图 6 – 11　不同温度对酵母菌呼吸作用产生气体的影响柱形图

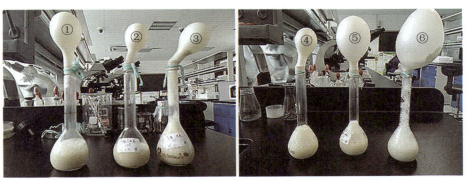

（a）葡萄糖培养液　　　　　　　　（b）蔗糖培养液

葡萄糖培养液的浓度/%：①—5　②—2.5　③—10

蔗糖培养液的浓度/%：④—2.5　⑤—10　⑥—5

图 6 – 12　不同浓度的蔗糖和葡萄糖培养液对酵母菌呼吸作用产生气体的影响

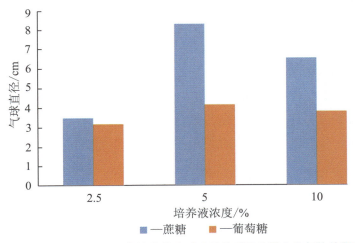

图 6 – 13　不同浓度的蔗糖和葡萄糖培养液对酵母菌呼吸作用产生气体的影响柱形图

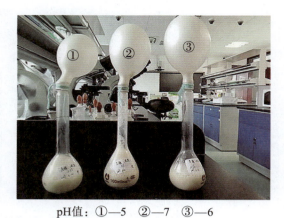

pH值: ①—5  ②—7  ③—6

图6-14  pH值对酵母菌呼吸作用产生气体的影响

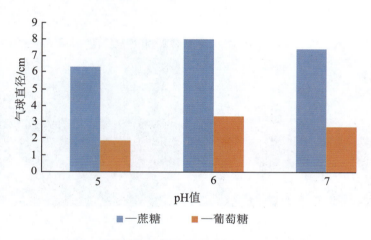

图6-15  pH值对酵母菌呼吸作用产生气体的影响柱形图

利用注射器连接体系检测酵母菌呼吸作用 60 min 内产生的 $CO_2$，见图 6-16、图 6-17。实验结果显示：在 35 min 后曲线趋近平缓，这可能是因为营养物在酵母菌发酵过程中基本被消耗，呼吸作用变慢。利用本体系检测酵母菌呼吸作用产生的 $CO_2$ 体积发现，在发酵 5~60 min 内存在多处异常下降的拐点，说明注射器反应体系基本能够定量酵母菌产生的体积，但由于注射器阻力较大且不易推动，且各个注射器阻力不同，注射器存在漏气现象，所以造成推动情况与气球检测法的结果有差异，存在异常拐点，且注射器被推动情况与气球检测法所得最佳条件不符。因此，使用注射器不能精确收集气体，需要进一步改良收集气体的装置，减少实验误差。

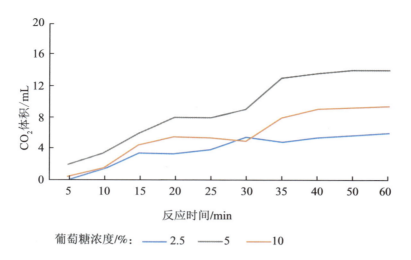

葡萄糖浓度/%：———2.5  ———5  ———10

图6-16  不同浓度的葡萄糖培养液对酵母菌呼吸作用产生的 $CO_2$ 体积随时间的变化

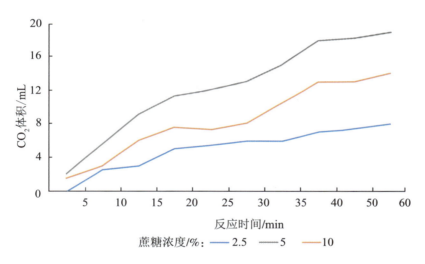

蔗糖浓度/%：———2.5  ———5  ———10

图6-17  不同浓度的蔗糖培养液对酵母菌呼吸作用产生的 $CO_2$ 体积随时间的变化

　　进一步改进仪器：注射器与滴管连接体系将注射器连接体系中没有放入酵母菌培养液的一端换为塑料滴管，并在滴管中吸入 1 滴水，剪掉滴管的后端，使酵母菌发生呼吸作用时所产生的气体能推动水滴移动。水移动时的阻力较小，误差较小，其移动距离即可表示产生的气体体积的多少。当实验温度为 35 ℃，蔗糖浓度为 5%，pH 值为 6 时，其实验结果显示（图6-18）：在发酵反应初期（10～35 min），$CO_2$ 气体体积为一条逐渐平滑上升的折线，不存在异常下降的拐点；35 min 后，酵母菌产生的气体量基本不变，与注射器连接体系所得结果一致。由此可见，水滴移动监测气体的产生量比较准确，为本项目最佳实验体系。

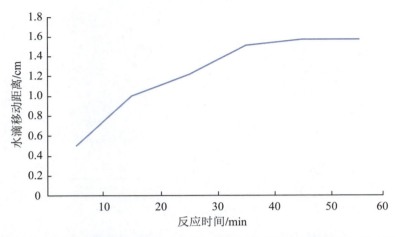

图 6-18　注射器与滴管连接体系酵母菌呼吸作用产生的 $CO_2$ 体积随时间的变化

　　将实验室改进的注射器与滴管连接体系和测得的最佳实验条件应用于面包发酵的检测。将10%的蔗糖酵母菌溶液和5%的葡萄糖酵母菌溶液分别移入2个玻璃瓶内,分别加入65 g面粉,揉搓至其成团状;将2根吸管拼接在一起,拼接处用胶带密封,以防漏气,并在靠近尾部的地方画好刻度线;用拼接好的吸管取少许经过稀释的彩色墨水,通过吹气将墨水移至刻度线处;将吸管尾部插入玻璃瓶内,瓶口处用湿面团进行密封;将拼接好的实验仪器分别移入 15、25、35 ℃的环境中进行发酵,并每隔2 min观察一次。通过墨水被推出吸管的时间判断哪个面包的发酵效果更为显著。实验结果显示:当温度为35 ℃时,加有浓度为5%的葡萄糖酵母菌溶液的面包在发酵时墨水被推出吸管的时间最短,气体产生的更为迅速,其结果与气球检测结果基本一致(图6-19)。

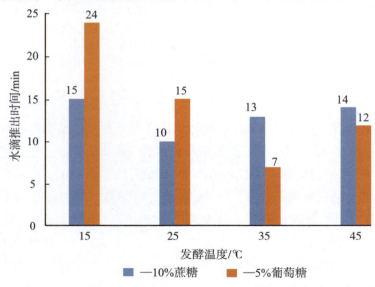

图 6-19　不同条件对酵母菌呼吸作用产生的 $CO_2$ 气体将墨水推出吸管的时间影响

因此，注射器与滴管连接体系装置适用于进行面包制作等相关发酵过程的检测，可以广泛应用于生活实践。

## 六、结论

### （一）传统实验的改进

本项目通过提前活化酵母菌以及控制变量法找出酵母菌呼吸作用的最佳条件，大大缩短了实验时间，实现了实验随堂化的目的，并保证了实验的严谨性。利用气球和锥形瓶进行实验观察，通过设置单一变量，多次实验，观察对比各个实验现象，得出酵母菌呼吸作用的最佳条件：实验温度为35℃、5%蔗糖培养液、pH值为6。简便的仪器增强了实验的可操作性，设置对照组，使定性实验简单直观，并能够转化为粗略定量实验。

将两个注射器用橡胶管连接进行实验，能够定量测量酵母菌呼吸作用时产生的$CO_2$体积，使原来的定性实验变为定量实验。但缺陷在于注射器由前端带有小孔的针筒以及与之匹配的活塞芯杆组成，在活塞拔出的时候液体或气体从针筒前端小孔吸入，在活塞推入时将液体或气体挤出。分析实验结果可知，不同注射器的气闭性不同，存在部分漏气现象，活塞与注射器内壁的摩擦力也不同，所以由此装置测得的$CO_2$体积不准确且误差较大。进一步改进实验装置，利用注射器和塑料滴管连接，通过水滴移动距离测出酵母菌呼吸作用时产生的$CO_2$体积。因为不同滴管和水注差异较小，改善了塑料注射器的误差较大、推杆移动不够平滑的问题，由此得出的数据相对误差较小，结果较准确，且实验装置简便，实验时间较短，现象明显，便于观察，适用于课堂演示。

### （二）实验室改进测定仪器应用于实际面包发酵检测

发酵是制作面包不可缺少的一个重要环节，发酵效果的好坏直接影响了面包成品的外观和口感。发酵过程最主要的是控制酵母菌呼吸作用的条件，以此得到最佳发酵效果。本项目在实验室内改进了酵母菌呼吸作用的检测设备，同时筛选出本实验条件下酵母菌的发酵最佳条件：温度为35℃，5%蔗糖培养液，pH值为6。但由于实验室内的环境较为严谨，在实际生活中很难办到，所以无法得知在实验室中得出的结论是否能应用到实际生活中，于是本项目向实际生活进行了实验验证和进一步的仪器改进。本研究将实验室的注射器与滴管连接的仪器植入面包发酵块中，检测吸管中水滴移出的时间。结果显示，当温度为35℃时，加有浓度为5%的葡萄糖酵母溶液的面包水滴移出的时间最短，说明此时酵母菌发酵时气体产生地更为迅速，发酵效果最好。与实验室温度35℃，蔗糖浓度5%，酵母菌发酵最佳条件基本一致，证明我们的实验方法与仪器的改进适用于面包发酵过程中发酵力的检测。此外，面包发酵数据与实验室中完成得到的数据有差别，即实验室与实际生活得出的数据最佳底物不一致，推测造成此结果的原因是面粉中含有的淀粉、蔗糖等糖类较多，对实验数据造成了影响。

## 七、 创新点与展望

（1）提前活化酵母菌，缩短实验时间；用注射器和塑料滴管代替气球检测实验装置，便于较精准检测酵母菌呼吸作用产生的气体体积，使定性实验转变为定量实验，减少误差，使实验更加准确、严谨。

（2）通过控制变量法（变量为温度、浓度、酸碱度、糖的种类）找出本实验条件下酵母菌呼吸作用的最佳条件；并将实验室改进的仪器和得出的酵母菌最佳发酵条件应用到面包发酵过程中，增加了本项目的实用性。

（3）拓展创新了人教版《生物（八年级下册）》教材中的"探究酵母菌细胞呼吸的方式"实验，丰富了实验数据，拓展了实验与实际生活的联系。

## 八、 参考文献

［1］姚燕."探究酵母菌细胞呼吸的方式"的实验设计［J］. 教学仪器与实验，2014，30（12）：30—33.

［2］向炯."探究酵母菌细胞呼吸的方式"实验的改进［J］. 实验教学与仪器，2017（1）：31—32.

［3］何雅蔷，鲍庆丹，王凤成. 几种面包发酵方法标准的比较［J］. 粮油食品科技，2010，18（3）：49—50.

［4］马勇. 面包发酵监控及品质检测研究［D］. 江苏无锡：江南大学，2013.

［5］谭文生，王仕昭."探究酵母菌细胞呼吸的方式"的实验装置及操作方法［J］. 生物学教学，2012（12）：32.

［6］张猛. 复合杂粮面包工艺优化及品质改良研究［D］. 长春：吉林大学，2016.

［7］肖冬光，刘青，李静. 面包酵母发酵力测定方法的研究［J］. 食品工业科技，2004（11）：61—63.

［8］谢明桂."探究酵母菌细胞的呼吸方式"的实验创新［J］ 生物学通报，2012，47（3）：56—58.

## 附： 教师点评

本项目来源于人教版《生物（八年级下册）》教材中的实验。学生通过自己的课堂实验发现问题，并通过多次实验、反复思考，总结出课本实验的不足，并提出自己的改进方案。在改进试验中，学生设计了3种不同的实验检测体系，系统研究了不同温度、不同糖类培养液浓度、不同 pH 值对酵母菌呼吸作用的影响，同时还将实验室的装置精巧应用在面包发酵等实际生活中，为生产、生活提供数据支持。综上所述，该项目选题新颖，实验设计具有创新性，实验过程和实验结果分析具有科学性，值得大家借鉴。

# 第七章　探究纳米世界

 **导引**

　　纳米材料是指在三维空间中至少有一维处于纳米尺度范围（1～100 nm）或由它们作为基本单元构成的材料。与常规材料相比，纳米材料具有一些物理效应和奇特的物理特性。制备技术是纳米科技的关键。制备条件不同将影响纳米材料的微观结构和宏观性质。通过不同的制备技术人们可以得到纳米颗粒材料、纳米薄膜材料、纳米固体材料等。

　　纳米化学探究实验室是在融合纳米与材料科学多个研究方向的最新成果的基础上，配备相关的纳米化学相关仪器设备，从而能够实现纳米材料的制备、形貌表征、性质研究及其他相关探究实验的探究场所。中学生可以在实验室发挥创造力，运用他们的智慧去探索、追寻和揭示更多更深的奥秘。

　　就纳米化学探究实验室的活动而言，主要包括：纳米材料的制备（指利用中学生可操控的化学方法进行纳米材料的制备）、观测（利用显微镜或电子显微镜观测纳米材料的微观结构等）、纳米材料的性质研究、纳米材料的应用等。根据学生知识层次和年龄段的不同，上述活动可以有选择性的开展。

## 第一节　纳米化学探究实验室的配置

### 一、活动目标

　　了解纳米科技相关的知识体系概况，掌握纳米材料制备和测试的基本实验原理和方法，提高青少年学生对纳米科技的浓厚兴趣；引导学生熟练掌握溶液法制备纳米材料，并利用光谱仪器测试纳米材料的性质及处理相关实验数据；鼓励学生探究社会热点化学事件，尝试将纳米科技应用到生产生活中，锻炼创新思维和实践能力。

## 二、 场地设施条件

### （一）场地条件

纳米化学探究实验室应具备可无偿使用、实用面积为 $100\ m^2$ 的固定活动场所，以及开展活动所必需的基础条件，如实验桌椅、活动器材存放柜、药品存放柜、电源接口、上下水、应急设施等。

### （二）设施条件

（1）教师专用设施：计算机、投影仪及投影屏幕。

（2）学生活动专用设施：紫外可见分光光度计、激光纳米粒度仪、接触角测量仪、荧光分光光度计、原子力显微镜、磁力搅拌器、电热鼓风干燥箱、金相显微镜、离心机、通风橱；铁架台、烧杯、试管、圆底烧瓶、磁子、胶管、石英比色皿、玻璃棒、培养皿、载玻片、盖玻片、离心管、一次性吸管；各类纳米材料、蒸馏水、氯化钠、氢氧化钠等药品。

（3）实验室辅助设施：置物箱、网络多媒体、水盆、纸巾、脱脂棉等。

## 三、 人员配备条件

纳米化学探究实验室需配备 1 名具有专业背景的专职科技辅导员和 1 名兼职科技辅导员，并建立一支 3 人以上的科技辅导员志愿者队伍。

## 四、 容纳学生数量

10 ~ 15 人。

## 五、 开放时间

工作日固定时间开放，周末和节假日预约开放。

## 六、 活动内容

### （一）趣味纳米实践

开展各项纳米趣味实验，如纳米钢皂的去味实验、认识比表面积、纳米亲/疏水材料的特性等，通过这些实验，学生可以了解神秘的纳米世界，激发深入探究的兴趣。

### （二）纳米基础实验

利用激光纳米粒度仪进行纳米颗粒粒径检测，利用紫外可见分光光度计及荧光分光光度计表征纳米材料的光化学性质，利用接触角测量仪测试各类材料的亲疏水性能等。通过纳米科技相关仪器的学习和使用，锻炼基本实验技能，提高动手实践能力，为进行项目探究课程奠定基础。

(三) 纳米科技探究项目

学生可以根据自己的兴趣爱好和知识基础，选择一个探究课题方向，经历课题开题、中期汇报、结题并撰写论文、参加相关展示活动等科学探究的全过程，培养中学生的科学素养和创新实践能力。探究课题方向包括但不限于探究不同纳米材料的制备条件，寻求绿色环保的纳米材料制备方法；尝试将纳米材料应用到生产生活中，解决生活中存在的各类问题等。

## 七、 活动形式

个人或小组探究、展示、培训、竞赛等。

## 八、 纳米化学探究实验室的建设案例

北京市第三十五中学的纳米化学探究实验室是获批的北京市级高中开放式重点实验室之一，占地 200 m²，由北京市第三十五中学与国家纳米科学中心合作建设。实验室融合了化学与纳米材料科学多个研究方向的最新成果，充分利用了"纳米科技，新的世界"这一具有创造性的主题，以激发青少年的创造力，启迪学生运用他们的智慧，以纳米科技为导向，去探索、追寻和揭示生产生活中存在的问题。实验室建设了"纳米材料制备平台""纳米材料物性测量平台""纳米材料形貌表征平台""纳米材料光谱学表征平台""纳米生物效应研究平台"五大平台，如图 7-1 所示。学生在该实验室能够进行纳米材料的制备、测试及应用的一系列研究。

图 7-1 实验室精密仪器测试室

纳米材料制备平台：实验室为该平台配置了标准实验台、生物安全柜、通风橱、超净工作台、超声波清洗器、分析天平、离心机、旋转蒸发仪、电热鼓风干燥箱等多项设备。为确保实验室人员安全，实验室还配备了消防设施和紧急喷淋装置及洗眼装置。

纳米材料物性测量平台：实验室为该平台配备了激光纳米粒度仪和接触角测量仪。通过激光纳米粒度仪，学生可以直观地获得纳米材料的粒径分布情况；通过接触角测量仪，学生能够研究纳米材料的表面化学性质，从而进行界面材料的研究。

纳米材料形貌表征平台：实验室为该平台配备了科研级别的原子力显微镜，能够达到 1 nm 的分辨率，借此可以观测到原子表面的形貌。

纳米材料光谱学表征平台：实验室为该平台配备了紫外可见分光光度计和傅里叶变换红外光谱仪，学生可以研究纳米材料的光谱学性质。

纳米生物效应研究平台：实验室为该平台配备了植物培养箱、动物培养箱、金相显微镜、荧光显微镜等设备，能够实现组织培养、细胞培养、微观观测等功能，学生可以进行纳米生物效应的相关研究。

另外，实验室还建设了计算化学虚拟平台系统，学生可以通过专业的计算化学软件进行化学物质的设计、能量计算等研究。

为了减少废弃物的排放，减少对环境的污染，实验室配置了专业的废液存储装置，做到废液回收和再利用。

## 第二节　探究纳米世界活动案例

### 案例 1　探究纳米世界基础实验案例：纳米金胶体的制备和性质测试

### 一、实验背景与目标

纳米金（Au）是由氯金酸（$HAuCl_4 \cdot 4H_2O$）在还原剂，如抗坏血酸、柠檬酸钠（$Na_3C_6H_5O_7 \cdot 2H_2O$）、硼氢化钠（$NaBH_4$）等作用下，聚合成一定大小的金颗粒，并由于静电作用成为一种稳定的胶体状态，形成带负电的疏水胶溶液，也称胶体金。胶体金在弱碱环境下带负电荷，可与蛋白质分子的正电荷基团牢固结合。由于这种结合是静电结合，所以不影响蛋白质的生物特性。根据胶体金的一些物理性质，如电子密度、颗粒大小、形状及颜色反应，加上结合物的免疫和生物学特性，胶体金广泛应用于免疫学、组织学、病理学和细胞生物学等领域。胶体金标记，实质上是蛋白质等高分子被静电吸附到胶体金颗粒表面的包被过程。

掌握液相法制备纳米材料的基本原理和操作；学会使用离心机提纯材料；学会使用粒度仪检测纳米材料的粒径。

## 二、 实验时长

120 min。

## 三、 实验人数

15 人。

## 四、 实验材料及器材

实验材料：$HAuCl_4 \cdot 4H_2O$、$Na_3C_6H_5O_7 \cdot 2H_2O$、聚乙烯吡咯烷酮（PVP）溶液、蒸馏水、$Na_3C_6H_5O_7$ 或 $NaBH_4$。

实验器材：加热控温磁力搅拌器，离心机、激光纳米粒度仪、样品池、酒精、超声分散器、一次性注射器。

## 五、 实验过程

### （一）纳米金胶体的制备

配制浓度为 $2.44 \times 10^{-3}$ mol/L 的 $HAuCl_4$ 溶液、$3.43 \times 10^{-2}$ mol/L 的 $Na_3C_6H_5O_7$ 溶液、$1.00 \times 10^{-4}$ mol/L 的 PVP 溶液以及 0.391 mol/L 的 $NaBH_4$ 溶液，备用。

在烧杯中加入 10 mL $HAuCl_4$ 溶液、10 mL PVP 溶液（保护剂，可不加）、80 mL 的 3 次蒸馏水，将烧杯置于电动搅拌器上，边加热边搅拌，加热至 75 ℃，恒温 2 min，用移液管移取一定体积的还原剂 $Na_3C_6H_5O_7$（或 $NaBH_4$）溶液，迅速一次性加入到上述混合液中，开始计时，使液体颜色恒定并持续加热 9 min，停止加热，继续搅拌 5min 后，停止搅拌，冷却至室温，所得液体即为纳米金胶体，见图 7 - 2。

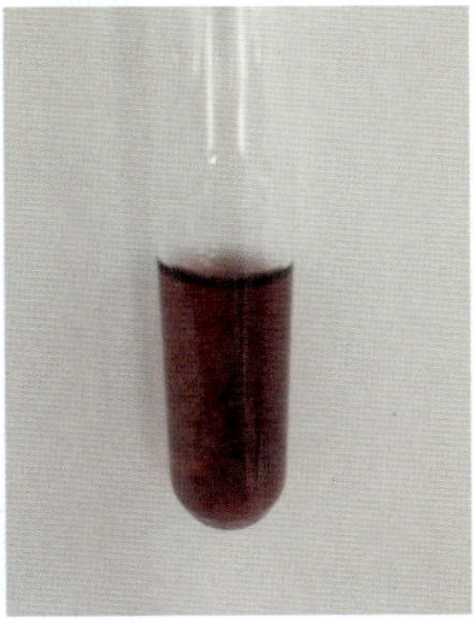

图 7 - 2 纳米金胶体

### （二）纳米金胶体的离心提纯

经由液相法制备的纳米材料粗产物通常会含有少量不溶物沉淀，因此在进行表征测试之前需要进行分离和提纯。在实验过程中，欲使沉淀与母液分开，常使用过滤和离心两种方法。在纳米材料的分离提纯方法中，离心法是最常用的方法之一。根据物质的沉降系数、质量、密度等的不同，应用强大的离心力使物质分离、浓缩和提纯的方法称为离心。

离心机是利用离心力对混合液（含有固形物）进行分离和沉淀的一种专用仪器，

见图7-3。实验室常用的电动离心机有低速、高速离心机和低速、高速冷冻离心机等多种型号。

纳米金胶体的离心过程如下。

（1）根据离心机型号和转头尺寸，将样品转移到相应规格的离心管中。

（2）检查离心管是否盖严，并将盖严的离心管对称放到转头中。

（3）设定操作条件，包括转速和离心时间等。

（4）开始运行离心机。

（5）待离心结束、转速降为0后，取出离心管，小心将上层清液取出备用。如有必要，可以进行二次离心。

图7-3　高速离心机

（三）纳米金胶体的粒度测试

当光线照射到颗粒上时会发生散射、衍射，其衍射、散射光强度均与粒子的大小有关。激光纳米粒度仪就是利用此原理来测试纳米颗粒直径分布的仪器，见图7-4。

图7-4　激光纳米粒度仪测试纳米粒径的过程

纳米金胶体的粒度测试过程：首先预热仪器，将被测样品配置成一定浓度的悬浮液。对悬浮液的要求是颗粒能均匀地分散在溶液中，不溶解、不团聚、不沉淀、不产生其他物理和化学变化。在分散固体颗粒时，应根据颗粒的特性，可以使用磁力搅拌器，也可以使用超声分散器来进行分散，必要时还需加入少量的分散剂，以获得较好的分散效果。在上述准备工作完成后，即可运行程序，进行测量操作。不同型号的粒度仪实际操作步骤可能略有不同，请使用者根据实际使用的仪器操作说明进行操作。

### 案例2 探究纳米世界创新实验项目案例：超声波辅助法处理罗丹明B染料废水的条件探究

## 一、研究背景

### （一）水资源污染现状

20世纪90年代以来，世界淡水资源日渐短缺，污染日益严重，地球生态系统的平衡和稳定遭到破坏，并直接威胁着人类的生存和发展。水污染一般是指生活污水、工业废水、农田排水等未经处理而大量排入水体所造成的污染。其中，染料废水具有色度高、COD高、成分复杂、水质变化大及可生化性差等特点，被公认为是最难处理的工业废水之一。据报道，印染行业中由于不完善的处理和清洗技术，大概有10% ~ 20%的染料从生产的剩余液体中排出。高色度是这种废水的一大特点。它严重影响了水质并且抑制阳光进入水体，从而降低了水中生物的光合作用。许多染料是有毒的，其中一部分还具有致癌和致突变性，且很难被生物降解。这不仅会对动植物造成损害，同时也严重威胁着人类自身的健康。

罗丹明B作为一种人工合成的有机染料，具有致癌性，被广泛应用于造纸印刷、纺织印染、皮革和油漆等行业。罗丹明B曾被用作食品添加剂，但由于被证实具有致癌性，已明确不许用于食品中，但近年来仍然有报道食品中被查出含有罗丹明B。

### （二）污水处理方法

目前，处理染料污水常用的方法包括物理化学法、化学法、生物法，具体有如混凝沉淀法、膜分离法、吸附法、化学氧化法、离子交换法、好氧和厌氧微生物降解法等。纳米材料作为近年新兴的重要功能材料具有优良的光电化学特性，可用以设计制造太阳能电池、光催化固氮合成氨、光催化合成某些有机和无机化合物、光催化氧化降解水和大气中的有机污染物及有害气体、光催化还原贵金属离子和有毒重金属离子等。从而在能源、环保、医疗卫生等领域有着重要应用前景。近年来兴起的石墨烯碳纳米材料，因其对染料和重金属离子表现出优良的吸附性能而受到广泛地关注和研究，是极具发展潜力的一类吸附剂。

## 二、 研究目的与思路

本项目拟选用经典的纳米光催化材料二氧化钛（$TiO_2$）和新兴纳米材料石墨烯作为研究材料，利用超声波清洗器，探究在超声振荡条件下对罗丹明B溶液的处理效果，分析浓度、温度、pH值等影响因素对处理效果的影响，并对比分析两类材料的优劣性。

## 三、 实验材料与仪器

实验材料：粒径为 5 nm 的纳米光催化材料 $TiO_2$，，石墨粉，浓度为 0.5、3.0、5.0、6.0、7.0、8.5、10.0、11.0 mg/L 的罗丹明 B 溶液，冰袋。

实验仪器：北京普析通用仪器有限责任公司生产的型号和规格为 T6 的紫外可见分光光度计；上海立新生物技术有限公司生产的生物安全柜，型号和规格为 JD200 - 4 的分析天平，100 mL 和 500 mL 的烧杯，50 mL 和 100 mL 的量筒，100 mL 和 1000 mL 的容量瓶；上海京工实业有限公司生产的型号和规格为 IKA RCT - basic2 的恒温磁力搅拌器。

## 四、 研究过程

### （一）石墨烯的制备方法

根据相关文献，将石墨粉（初始浓度为 0.75 mg/mL）分别放入 25 mL 的胆酸钠（sc）和十二烷基苯磺酸钠（sdbs）溶液中（浓度为 0.5 mg/mL），采用超声波降解法在功率为 70% 时分散 140 min，将得到的分散液静置 24 h，得到不稳定的混合物。将分散液中 80% 的上层清液倒掉丢弃，在剩余 20% 的沉积物中再分别加入胆酸钠溶液和十二烷基苯磺酸钠溶液，使溶液体积保持为 25 mL。再将该分散液放入超声波中分散 140 min。静置 24 h 后，放入离心机中，在转速为 5000 r/min 下离心 90 min。离心后将分散液 80% 的上层清液倒出、收集备用。将两种不同条件下得到的石墨烯分别记为石墨烯 sc 和石墨烯 sdbs。

### （二）石墨烯的表征方法

将所得石墨烯溶液直接滴到新鲜的云母片表面，待水分挥发后得到石墨烯薄膜，然后利用原子力显微镜接触模式对所得石墨烯形貌进行表征。

### （三）罗丹明 B 标准曲线的绘制

分别取浓度为 0.5、3.0、5.0、6.0、7.0、8.5、10.0、11.0 mg/L 的罗丹明 B 溶液，利用紫外可见分光光度计测定光谱吸收峰，根据不同浓度的罗丹明 B 溶液及其对应的吸光度制作标准曲线，见图 7 - 5。

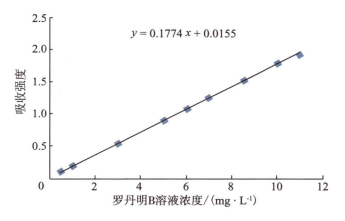

$$y = 0.1774\,x + 0.0155$$

图 7 – 5　罗丹明 B 溶液的标准曲线

（四）基本实验方法和处理效率的计算

取粒径为 5 nm 的 $TiO_2$（或制备的石墨烯溶液）0.025 g，分别放入浓度为 0.5、3.0、5.0、6.0、7.0、8.5、10.0、11.0 mg/L 的 50 mL 罗丹明 B 溶液中，在紫外光照射下利用超声波振荡一定时间，然后再用紫外可见分光光度计测定光谱吸收强度，并用相应浓度的 50 mL 罗丹明 B 溶液在相同条件下做空白对照，最后用拟合曲线的线性方程计算处理后的浓度以及处理效率［式（7 – 1）］。

$$\eta = \frac{C_0 - C}{C_0} \qquad\qquad (7 - 1)$$

式中，$\eta$ 为罗丹明 B 的降解效率；$C$ 为罗丹明 B 降解后的溶液浓度；$C_0$ 为罗丹明 B 降解前的溶液浓度。

（五）实验装置图

本课题采用了简单的超声波清洗器作为实验装置，具体装置见图 7 – 6。

7 – 6　实验用超声振荡反应装置

## 五、 结果与讨论

### （一）纳米 $TiO_2$ 对罗丹明 B 溶液的处理条件研究

#### 1. 罗丹明 B 溶液的浓度对处理效果的影响

根据罗丹明 B 的拟合曲线发现，当罗丹明 B 溶液的浓度为 0.5~11.0 mg/L 时，溶液的浓度与紫外可见吸收光谱的吸收强度呈线性关系，符合朗伯比尔定律。因此，本课题选取了罗丹明 B 溶液浓度介于线性范围之内的 8 组溶液作为处理对象，以方便应用拟合公式进行数据计算和分析。计算后的处理效率结果见表 7-1。

表 7-1　纳米 $TiO_2$ 对不同浓度的罗丹明 B 溶液的降解效率

| 纳米 $TiO_2$ 处理前罗丹明 B 溶液的浓度/（mg·$L^{-1}$） | 纳米 $TiO_2$ 处理后的罗丹明 B 溶液浓度/（mg·$L^{-1}$） | 降解效率/% |
|---|---|---|
| 0.5 | 0.527 | -5.4 |
| 3.0 | 0.939 | 68.7 |
| 5.0 | 4.851 | 3.0 |
| 6.0 | 5.082 | 15.3 |
| 7.0 | 5.538 | 20.9 |
| 8.5 | 4.231 | 50.2 |
| 10.0 | 8.678 | 13.2 |
| 11.0 | 10.493 | 4.6 |

由表 7-1 中数据可知，在超声振荡的条件下，当罗丹明 B 溶液的浓度为 3.0 mg/L 和 8.5 mg/L 时，$TiO_2$ 对其降解效果最明显，分别为 68.7% 和 50.22%。

#### 2. pH 值对罗丹明 B 溶液处理效果的影响

分别取 8.5 mg/L 的罗丹明 B 溶液 50 mL 于 4 个干净烧杯中，称取 0.025 g 粒径为 5 nm的 $TiO_2$ 分别放入其中的 3 个烧杯中，没有放入 $TiO_2$ 粉末的烧杯作为空白对照；配制 NaOH 溶液及盐酸溶液，对 2 个放入 $TiO_2$ 粉末的烧杯调节 pH 值，使溶液分别呈酸性和碱性，测得 pH 值分别为 4.8 和 9.2，未加入酸/碱溶液的罗丹明 B 溶液的 pH 值为 7.0；在紫外线照射下超声振荡 3 h；测定其紫外可见吸收光谱，并与空白溶液对比，得到吸收光谱如图 7-7，处理效率见表 7-2。

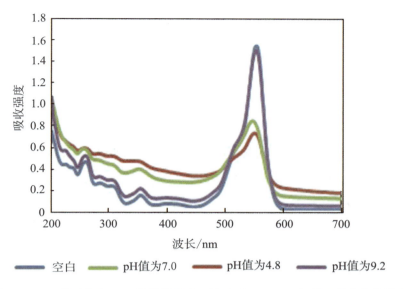

图 7-7　pH 值对纳米 TiO₂ 降解罗丹明 B 溶液（8.5 mg/L）的吸收光谱的影响

表 7-2　不同 pH 值条件下纳米 TiO₂ 对罗丹明 B 溶液的降解效率

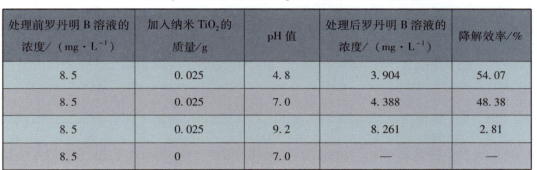

| 处理前罗丹明 B 溶液的浓度/（mg·L⁻¹） | 加入纳米 TiO₂ 的质量/g | pH 值 | 处理后罗丹明 B 溶液的浓度/（mg·L⁻¹） | 降解效率/% |
|---|---|---|---|---|
| 8.5 | 0.025 | 4.8 | 3.904 | 54.07 |
| 8.5 | 0.025 | 7.0 | 4.388 | 48.38 |
| 8.5 | 0.025 | 9.2 | 8.261 | 2.81 |
| 8.5 | 0 | 7.0 | — | — |

　　由表 7-2 中数据可知，当溶液呈酸性时，纳米 TiO₂ 对罗丹明 B 的降解效果最好，可达 54.07%。这是因为 pH 值较高，即碱性条件下，纳米 TiO₂ 表面羟基中的 H 会被 Na⁺ 取代，致使表面羟基数量减少，而一般认为表面羟基是决定催化反应的主要因素之一。

### 3. 温度对罗丹明 B 溶液处理效果的影响

　　分别取 8.5 mg/L 的罗丹明 B 溶液 50 mL 于 4 个干净的烧杯中，称取 0.025 g 粒径为 5 nm 的 TiO₂ 分别放入其中的 3 个烧杯中；在紫外灯照射下对加入 TiO₂ 的 1 个烧杯恒温 60 ℃ 水浴磁力搅拌，对加入 TiO₂ 的另一个烧杯在实验期间保证其为冰水混合物，剩下的 1 个加入 TiO₂ 的烧杯置于室温（25 ℃）下；在紫外照射下对这 3 个烧杯超声振荡 3 h。测试反应后所得溶液的紫外可见吸收光谱，并计算其降解效率，结果如图 7-8 和表 7-3。

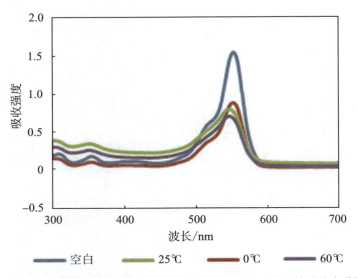

图 7-8　不同温度对纳米 $TiO_2$ 降解罗丹明 B 溶液 (8.5 mg/L) 的吸收光谱的影响

表 7-3　不同温度下纳米 $TiO_2$ 对罗丹明 B 溶液的降解效率

| 处理前罗丹明 B 溶液的浓度/ (mg·L$^{-1}$) | 加入纳米 $TiO_2$ 的质量/g | 温度/℃ | 处理后罗丹明 B 溶液的浓度/ (mg·L$^{-1}$) | 降解效率/% |
|---|---|---|---|---|
| 8.5 | 0.025 | 60 | 3.887 | 54.27 |
| 8.5 | 0.025 | 25 | 4.388 | 48.38 |
| 8.5 | 0.025 | 0 | 5.059 | 40.48 |
| 8.5 | 0 | 25 | — | — |

由表 7-3 中数据可知，加热至 60 ℃时降解效果最佳，同时，室温（25 ℃）条件下的降解效果好于 0 ℃。纳米 $TiO_2$ 处理罗丹明 B 溶液属于光催化化学反应，温度越高，化学反应速率越快，所以温度为 60 ℃时的效果好于 25 ℃和 0 ℃。

### 4. 纳米 $TiO_2$ 处理罗丹明 B 溶液的机理分析

纳米 $TiO_2$ 属于半导体材料，拥有区别于金属和绝缘物质的特殊能带结构，在价带和导带之间存在一个禁带。当光子能量高于半导体吸收临界值时，半导体的价带电子会发生电子跃迁，从价带跃迁到导带，产生了光生电子和空穴。此时，吸附在纳米颗粒表面的溶解氧将形成超氧负离子自由基，而吸附在催化剂表面的水和氢氧根离子会被空穴氧化成羟基自由基。羟基自由基和超氧负离子具有很强的氧化性，可以攻击有机物和微生物，最终使有机物分解为水和 $CO_2$。

### （二）石墨烯对罗丹明 B 溶液的处理条件研究

### 1. 石墨烯制备条件对罗丹明 B 溶液处理效果的影响

将 3 mL 制备好的石墨烯 sc 或石墨烯 sdbs 溶液分别滴入到 8.5 mg/L 的 25 mL 罗丹

明 B 溶液中，另取一个小烧杯取 8.5 mg/L 的 25 mL 罗丹明 B 溶液滴入 3 mL 蒸馏水作对比。将两个烧杯同时放入功率为 70% 的超声波振荡器中振荡 15 min。然后测试其紫外可见吸收光谱，所得结果如表 7 – 4。

表 7 – 4　两种石墨烯对罗丹明 B 溶液的吸附效率

| 样品名称 | 处理前罗丹明 B 溶液的吸收强度 | 加入溶液的量/mL | 处理后罗丹明 B 溶液的吸收强度 | 吸附效率/% |
|---|---|---|---|---|
| 石墨烯 sc | 1.422 | 3 | 1.201 | 15.54 |
| 石墨烯 sdbs | 1.422 | 3 | 1.358 | 6.86 |
| 蒸馏水（对照组） | 1.422 | 3 | 1.422 | 0 |

由表 7 – 6 可知，石墨烯 sc 和石墨烯 sdbs 对罗丹明 B 均有吸附效果。在室温条件下，罗丹明 B 溶液的 pH 值为 7.0 时，石墨烯 sc 对罗丹明 B 溶液的吸附效率约为 15.54%。石墨烯 sdbs 对罗丹明 B 溶液的吸附效率约为 6.86%。

**2. 超声波振荡功率对罗丹明 B 溶液处理效果的影响**

分别将 3 mL 制备好的石墨烯 sc 或石墨烯 sdbs 溶液滴入到 7 个分别装有 8.5 mg/L 的 25 mL 罗丹明 B 溶液的烧杯中，分别将烧杯放入功率分别为 90%、80%、70%、60%、50%、40%、0 的超声波振荡器中振荡 15 min。实验结果见表 7 – 5 和表 7 – 6。

表 7 – 5　石墨烯 sc 对罗丹明 B 溶液的吸附效率

| 处理前罗丹明 B 溶液的浓度/（mg·L$^{-1}$） | 超声振荡功率/% | 处理后罗丹明 B 溶液的浓度/（mg·L$^{-1}$） | 吸附效率/% |
|---|---|---|---|
| 8.5 | 90 | 8.14 | 4.2 |
| 8.5 | 80 | 8.09 | 4.8 |
| 8.5 | 70 | 7.75 | 8.8 |
| 8.5 | 60 | 8.00 | 5.9 |
| 8.5 | 50 | 8.11 | 4.6 |
| 8.5 | 40 | 8.21 | 3.4 |
| 8.5 | 0 | 8.55 | – 0.006 |

由表 7 – 5 可以得出，当振荡功率为 0 ~ 70% 时，吸附效率逐渐提高，功率为 70% 时吸附效率最高；当振荡功率超过 70% 后，吸附效率逐渐降低。分析其原因可能是因为当超声振荡使石墨烯 sc 均匀分布在溶液中的同时也使石墨烯 sc 吸附的罗丹明 B 加速脱落，当振荡功率为 70% 时，石墨烯 sc 在溶液中分布较为均匀，净吸附值达到最大；当振荡功率低于 70% 时，石墨烯 sc 分布不够均匀，有效吸附面积较小；当振荡功率大

于70%时，脱落的罗丹明 B 过多，吸附效率降低。

表7-6　石墨烯 sdbs 对罗丹明 B 溶液吸附效率

| 处理前罗丹明 B 溶液的浓度/（mg·L⁻¹） | 超声振荡功率/% | 处理后罗丹明 B 溶液的浓度/（mg·L⁻¹） | 吸附效率/% |
|---|---|---|---|
| 8.5 | 90 | 7.98 | 6.1 |
| 8.5 | 80 | 8.08 | 4.9 |
| 8.5 | 70 | 7.84 | 7.8 |
| 8.5 | 60 | 7.91 | 6.9 |
| 8.5 | 50 | 7.82 | 8.0 |
| 8.5 | 40 | 8.19 | 3.6 |
| 8.5 | — | 8.10 | 4.7 |

由表7-6可知，振荡功率与石墨烯 sdbs 吸附效率不成线性关系，当功率为70%和50%时，吸附效率分别为7.8%和8.0%，比其他功率情况下的吸附效率略高。分析原因可能是因为制备两种石墨烯的分散剂不同，十二烷基苯磺酸钠的结构使石墨烯在不同的振荡功率下对罗丹明 B 的脱落速率不同。

### 3. 温度对罗丹明 B 溶液处理效果的影响

将25 mL 浓度为8.5 mg/L 的罗丹明 B 溶液分别放入3个小烧杯中，将3 mL 制备好的石墨烯 sc 或石墨烯 sdbs 溶液分别放入3个烧杯中。其中一个烧杯用60 ℃的热水保持温度恒为60 ℃，用冰袋保证其中另一个烧杯温度恒为0 ℃，剩下的一个烧杯保持室温（25℃）。将这3个烧杯同时放入功率为70%的超声波振荡器中超声振荡15 min，然后测试其紫外可见吸收光谱，结果如表7-7。

表7-7　两种石墨烯在不同温度下对罗丹明 B 溶液的吸附效率

| 样品名称 | 温度/℃ | 吸附效率/% |
|---|---|---|
| 石墨烯 sc | 60 | 0.07 |
|  | 25 | 15.56 |
|  | 0 | 1.47 |
| 石墨烯 sdbs | 60 | 7.13 |
|  | 25 | 6.37 |
|  | 0 | 6.90 |

由表7-7可知，当温度改变时石墨烯 sc 的吸附效率也随之改变，当温度为0 ℃或60 ℃时石墨烯 sc 对罗丹明 B 几乎没有吸附效果，可见温度对吸附效果的影响很大。温

度对石墨烯 sdbs 的吸附效率影响并不大，在温度分别为 60、25、0 ℃时，石墨烯 sdbs 的吸附效率分别为 7.13%、6.90%、6.37%，相差不大。这主要是因为石墨烯的制备条件所致。两种石墨烯分别采用的是胆酸钠和十二烷基苯磺酸钠溶液作为表面活性剂，但其结构有所不同，当温度改变时，胆酸钠溶液分散的石墨烯 sc 更容易团聚，形成更厚的多层石墨烯，从而导致表面积下降，吸附效率降低。

#### 4. pH 值对罗丹明 B 溶液处理效果的影响

将 25 mL 浓度为 8.5 mg/L 的罗丹明 B 溶液分别放入 3 个小烧杯中，将 3 mL 制备好的石墨烯 sc（或石墨烯 sdbs）溶液分别放入 3 个烧杯中。在其中一个烧杯中加入调制好的盐酸溶液 3 滴，使溶液呈酸性，用 pH 计测定 pH 值为 4.67（加入石墨烯 sdbs 溶液的为 4.52）；在另一个烧杯中加入调制好的氢氧化钠溶液 3 滴，使溶液呈碱性，用 pH 计测定 pH 值为 10.97（加入石墨烯 sdbs 溶液的为 11.54）；剩下的一个烧杯用 pH 计检测其 pH 值约为 7.0。保证温度相同的条件下，将 3 个烧杯同时放入功率为 70% 的超声波振荡器中振荡 15 min。然后测试其紫外可见吸收光谱，结果如表 7-8。

表 7-8　两种石墨烯在不同 pH 值下对罗丹明 B 的吸附效率

| 样品名称 | pH 值 | 吸附效率/% |
|---|---|---|
| 石墨烯 sc 溶液 | 4.67 | 6.32 |
| | 7.00 | 15.55 |
| | 10.97 | -0.84 |
| 石墨烯 sdbs 溶液 | 4.52 | 11.18 |
| | 7.00 | 6.78 |
| | 11.54 | 10.97 |

由表 7-8 可知，pH 值对吸附效果有显著影响。当 pH 值为 10.97，即溶液呈碱性时，石墨烯 sc 不吸附罗丹明 B，当 pH 值为 4.67，即溶液呈酸性时，石墨烯 sc 对罗丹明 B 有吸附效果，但不如溶液呈中性时吸附效果好。当溶液呈酸性或碱性时石墨烯 sdbs 吸附效果均好于溶液呈中性时的吸附效果，且溶液呈碱性与溶液呈酸性时的吸附效果相差不大。如果从制备原料即表面活性剂溶液的性质上考虑，两种表面活性剂分散液胆酸钠（sc）和十二烷基苯磺酸钠（sdbs）均是阴离子表面活性剂，原理上应是碱性条件下吸附效率最高，但实验结果与推测有差异，还需继续进行重复实验，以确定最终的结果。

### 六、　结论

（1）用纳米 $TiO_2$ 对罗丹明 B 溶液进行降解处理，发现纳米 $TiO_2$ 对不同浓度的罗丹明 B 溶液降解的效果不一样，当罗丹明 B 的溶液浓度为 3.0 mg/L 和 8.5 mg/L 时，降解效果最好，效率分别可达 68.77% 和 50.22%。研究了温度和溶液酸碱性对降解效率的影响，发现温度越高且 pH 值为中性时，降解效果最好。

（2）用两种不同方式制备的石墨烯 sc 和石墨烯 sdbs 对罗丹明 B 溶液进行吸附处理，发现两类石墨烯均可以对罗丹明 B 溶液进行吸附，吸附效率最高可达 15.54%。

（3）用超声波振荡器对罗丹明 B 溶液诱导处理，结果发现，用石墨烯 sc 溶液对罗丹明 B 溶液进行处理时，功率为 70% 时的处理效果最好；用石墨烯 sdbs 溶液对罗丹明 B 溶液进行处理时，功率为 50% 和 70% 时的处理效果略好。

## 七、 创新点与展望

本课题采用简单的实验仪器——超声波清洗器诱导处理罗丹明 B 溶液，并首次运用表面活性剂胆酸钠和十二烷基苯磺酸钠溶液，通过温和的超声法制备石墨烯溶液，并用来对罗丹明 B 溶液进行吸附处理，探究了石墨烯制备条件对吸附染料溶液效率的影响。

## 八、 参考文献

［1］李飞跃，陶进国，张丽，等. 小麦秸秆生物质炭对水中罗丹明 B 的吸附研究［J］. 应用化工，2015，44（7）：1242—1244.

［2］施超，冯景伟，彭书传，等. 活性炭纤维对水中罗丹明 B 的吸附性能等［J］. 环境化学，2013，32（3）：394—401.

［3］闫友军. 纳米 $TiO_2$ 光催化剂在污水处理中的应用［J］. 广东化工，2012，39（5）：129—130.

［4］孟佳，张秀芳. 三维立体石墨烯的制备及其对罗丹明 B 的吸附性能［J］. 大连工业大学学报，2016，35（3），195—198.

［5］任成军，李大成，周大利，等. 纳米 $TiO_2$ 的光催化原理及其应用［J］. 四川有色金属，2004，2：19—24.

［6］Lotya M, Hemandez Y, King P J, et al. Liquid Phase Production of Graphene by Exfoliation of Graphite in Surfactant/Water Solutions［J］. J Am Chem Soc, 2009, 131: 3611—3620.

［7］吴艳，罗汉金，王侯，等. 改性石墨烯对水中亚甲基蓝的吸附性能研究［J］. 环境科学，2013，34（11）：4333—4340.

［8］Vadahanambis, Lee S H, Kim W J, et al. Arsenic Removal from Contaminated Water Using Three-dimensionalgrapheme-carbon Nanotube – ironoxide Nanostructures［J］. Environmental Science &Technology, 2013, 47（18）：10510—10517.

附：教师点评

　　本项目为高一某学生利用科技课时间进行的一项探究课题，目的是探究纳米材料在污水吸附中的应用。由于时间及实验室药品所限，该同学选用的纳米 $TiO_2$ 为市售产品，分散性较差，因此可能影响催化降解模拟染料废水的罗丹明 B 溶液的效率。另外，由于实验室设备所限，紫外光源采用的是超净工作台里的紫外光源，其功率有限，这也可能是影响降解效率的因素。

　　在引入石墨烯这种新型材料进行罗丹明 B 溶液的吸附实验时，同样由于实验药品的限制，可以看出该同学所得的数据并不理想。但该同学仍然认真探究了振荡功率、温度、酸碱度以及制备条件等不同因素对实验结果的影响，并对每一项结果背后的原因进行了猜想和推断。

　　这正是中学生进行科学探究的意义所在。实验结果并不十分重要，重要的是如何运用所学知识分析生活中面临的各类问题，并设计实验方案进行探究，以及进一步对所得实验结果进行分析和推理，培养科学探究能力和质疑精神。

# 第八章　感知智能科技

 **导引**

　　智能科学与技术是面向前沿高新技术的基础性研究领域，覆盖面广，涉及机器人技术、新一代网络计算智能系统、微机电系统（MEMS）、新一代人机交互技术等，是与国民经济、工业生产及日常生活密切相关的各类智能技术与系统的总称。经过近几十年的发展，智能技术及其应用已经成为信息技术（IT）行业创新的重要内容，其广泛的应用前景日趋明显，如智能机器人、智能化机器、智能化电器、智能化楼宇、智能化社区、智能化物流等，对人类生活的方方面面产生了重要影响。

　　智能科学与技术实验室将传统的基础实验板块设计成能够培养学生创新能力和实践能力、提升科学素养、锻炼科学思维和科研能力的综合性探索实验，并在此基础上，根据科学探索实验室的功能设计了一系列前沿探究实验，在前沿课题探究中激发和培养学生各方面的综合素质。

## 第一节　智能科学与技术实验室的配置

### 一、活动目标

　　以计算机技术、自动控制技术、智能系统、传感信息处理等学科为基础内容；以光机电系统的单元设计、总体集成与工程实现为技术目标；早期发现和培养具有宽口径知识和现代科学创新意识的创新人才。

## 二、 场地设施条件

### （一）场地条件

智能科学与技术实验室应具备可无偿使用、实用面积为 100 m² 的固定活动场所，以及开展活动所必需的基础条件，如实验桌椅、活动器材存放柜、电源接口、应急设施等。

### （二）设施条件

（1）实验室专用设施：

4 个开放式实验平台：①交互平台制作软件，包括交互式大屏幕实验设备 1 套，交互制作软件 1 套；②智能移动平台及软件，包括智能移动机器人 2 台，智能机器人控制软件 1 套；③无线监控，包括中心控制器 2 套，节点 30 套；④智能交通环境车辆综合管理，包括智能缩微车 2 套，立体交通环境与控制系统 1 套，智能交通协调控制软件 1 套。

其他设备：Arduino 开发平台，各种传感器模块，各类硬件结构件。

（2）实验室辅助设施：计算机、教学显示屏、工具箱、展柜、网络多媒体等。

## 三、 人员配备条件

智能科学与技术实验室需配备 1 名具有专业背景的专职科技辅导员和 1 名兼职科技辅导员，并建立一支 3 人以上的科技辅导员志愿者队伍。

## 四、 容纳学生数量

10 ~ 15 人。

## 五、 开放时间

周一至周五 8:00—17:00，周末和节假日预约开放。

## 六、 活动内容

智能科学与技术理论与实践课程；智能机器人设计与制作探究课程。

## 七、 活动形式

个人或小组探究、展示、培训、竞赛等。

## 八、 智能科学与技术实验室的建设案例：智能移动机器人平台

以火星车为原型的智能移动机器人平台，采用的是特殊的履带式结构，具有高度

的环境适应能力，适合在恶劣环境或野外作业，尤其在越野、爬坡等方面，相比其他结构的移动机器人具有明显优势，广泛应用于国防、工业、医疗救助等方面。随着人工智能技术的迅速发展，机器人的智能化程度受到越来越多的关注，更多的智能技术应用到机器人的路径规划、轨迹跟踪、视觉导航等任务中，因此，履带式移动机器人智能化技术的研究具有重大的理论和工程应用价值。本实验平台见图8-1。

图 8-1 智能移动机器人平台实物图

智能移动机器人平台结构由远程遥控系统、控制系统和机器人本体三部分组成，如图8-2所示。

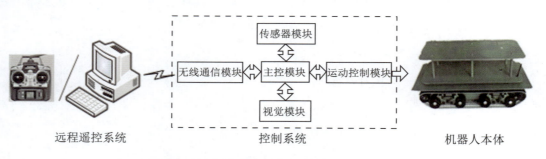

图 8-2 智能移动机器人平台的系统结构

（一）远程遥控系统

履带式移动机器人的远程遥控系统包括两部分，一部分是遥控方式下的遥控器操作，另一部分是自治方式下的人机界面操作，见图8-3。

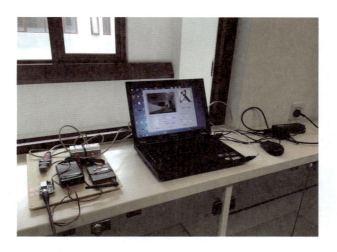

图 8 - 3　机器人远程控制系统

### 1. 遥控方式

遥控方式下选用的遥控操作器型号为 FUTABA 6EX - PCM，见图 8 - 4。通过遥控器发出的脉冲编码调制（PCM）信号来控制遥控器接收机的输出。接收机的一个通道作为切换信号，用来进行控制方式的切换；另两个通道输出脉冲宽度调制（PWM）信号，作为遥控方式下的电机驱动信号。

图 8 - 4　FUTABA 6EX - PCM 遥控操作器

### 2. 自治方式

自治方式下可设计与多台机器人实时通信的人机交互界面。操作者可以通过运动控制窗口预设机器人的速度、控制机器人运动等，远程个人计算机（PC）会将这些控制量编译成控制指令,并通过无线通信模块传输给机器人的控制系统,完成运动指令的下达。状态显示窗口可以实时显示机器人所携带的超声、激光、视觉等传感器的信息。

（二）控制系统

该履带式移动机器人控制系统的设计采用模块化思想,包括控制模块和感知模块。其中,控制模块又包括主控模块和运动控制模块;感知模块又包括传感器模块、视觉模块、无线通信模块,见图8-5。

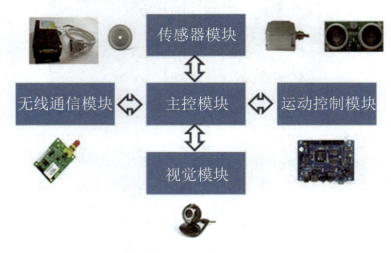

图8-5 控制系统结构图

（1）主控模块是机器人的关键部分,负责解读操作者的命令,集合感知系统采集的环境信息,产生控制指令发送给执行机构,完成设定任务。

（2）运动控制模块结合机器人的机械结构组成执行机构,负责接受主控模块的控制指令,驱动机器人的伺服电机等机构完成直行、转弯等操作。

（3）传感器模块用来感知机器人的自身状态及外界环境。该履带式移动机器人采用的传感器包括超声传感器、光电编码器、陀螺仪等,用来确定机器人运动姿态并完成避障、定位等任务。

（4）视觉模块是机器人重要的感知机构。通过视觉可以使机器人更好的理解环境,具有更高的自主性。

（5）无线通信模块是机器人与人机交互界面远程通信的基础,负责将远程操作者的指令发送给机器人控制系统,并将采集的机器人运行状态发送给远程界面,实现移动机器人的远程实时遥控。

（三）机器人本体

智能移动机器人是双履带式驱动结构,其由设备架和本体两部分组成。设备架为双层结构,用于安装各种传感器设备,见图8-6。

图 8-6 智能移动机器人的设备架及搭载的传感器设备

机器人本体主要执行运动功能。其内部安装了控制器、驱动器、无线模块、电源等设备，打开机器人上盖即可看见内部结构，如图 8-7 所示。车体外形紧凑，长800 mm，宽400 mm，高100 mm。其履带式结构由驱动轮、导向轮、承重轮及履带构成，其中驱动轮直径为60 mm，通过齿轮与履带咬合，动力来源于机器人底盘的直流电动机；导向轮直径60 mm，用来引导和支撑履带；承重轮直径为80 mm，车体两侧各3 个，用来分担重力及规正履带。机器人的重量主要由承重轮传递到地面。这种履带结构能尽量保持机器人在复杂路面上接触良好和平稳的运动。

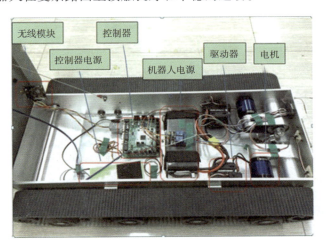

图 8-7 机器人本体结构图

该履带式移动机器人的主要特性有：

（1）采用无缝橡胶履带以及坚固的铝板车身，最大承受质量为70 kg，最大爬坡能力为60 °，可跨越250 mm 的壕沟。

（2）采用一级齿轮传动系统，齿轮减速比为 1∶2.6，差分坦克式驱动。

（3）采用直流无刷电机，最大速度为 20 km/h。

（4）采用 8 个 11 V 的锂电池串联供电，续航能力为 3 h。

# 第二节　感知智能科技活动案例

## 案例 1　感知智能科技基础实验案例

### 一、　红外线报警器的设计与制作

（一）实验目标

（1）了解可见光和不可见光。

（2）了解光电传感器的种类、原理及应用。

（3）学习电路知识，利用光电传感器及其他电子元件制作红外线报警器。

（4）测试红外线报警器各方面的性能。

（二）实验时长

3～4 课时。

（三）实验人数

10～15 人。

（四）实验所需器材

计算机、红外摄像头、红外激光模块、对射式光电传感器（图 8−8）、电源、蜂鸣器、开关、导线等。

图 8−8　对射式光电传感器

（五）实验过程

1. 搜集光电传感器资料

（1）光电传感器利用的是红外线。人们是如何发现红外线的？请尝试做实验发现红外线。人们可以用特殊的摄像头"看见"红外线，想一想，它是如何"看见"红外线的。利用摄像头观察不同光源发出的红外线。红外线观测实验器材如图 8 - 9 所示。

（a）红外摄像头

（b）红外激光模块

（c）日光灯

（d）红外触摸屏

图 8 - 9　红外线观测实验器材

（2）请在互联网上搜索至少 2 种光电传感器的相关资料。写出光电传感器种类和用途，画出其工作原理。

**2. 绘制防盗报警器的电路图**

学生利用学到的电学知识，考虑防盗报警器的功能，以个人或小组为单位画出防盗报警器的电路图，在电路图中体现出电子元件的位置和作用。

**3. 连接红外线报警器电路**

将对射式光电传感器等各种电子元件用电线连接起来，完成红外线报警器的制作。

**4. 红外线报警器的性能测试**

思考：

（1）它发出的红外线是什么样的？

（2）它能检测透明的障碍物吗？

（3）它能检测多厚的障碍物？

（4）它的有效距离有多远？

**（六）安全注意事项**

电学实验容易造成短路，应先让学生连接电路，教师检查正确后再发放电池。

## 二、 六足仿生机器人的设计与制作

### (一) 实验目标

（1）学会 Arduino 的硬件使用方法，能在面包板上正确连接电路。

（2）学习 Arduino 软件编程语言，会用 Arduino IDE 平台编程。

（3）能动手实践组装六足仿生机器人，并利用 Arduino 实现对电子元件的操作和控制。

（4）在实践的过程中，能利用工程思维分析问题和解决问题。培养学生分析和解决问题的能力，锻炼学生克服困难的毅力。

### (二) 实验时长

8~10 课时。

### (三) 实验人数

10~15 人。

### (四) 实验所需器材

计算机、Arduino UNO 开发板及软硬件套件、触须传感器、直流电机。

### (五) 实验过程

#### 1. 基本概念学习

（1）仿生学。仿生学是生命科学与机械、材料和信息等工程技术学科相结合的交叉学科，具有鲜明的创新性和应用性。仿生学的研究内容十分广泛，包括从模拟微观世界的分子仿生学到宏观的宇宙仿生学。当今社会的科学技术正处于一个各种自然科学高度综合和互相交叉、渗透的新时代。仿生学通过模拟的方法把对生命的研究和实践结合起来，对生物学的发展起到极大的促进作用。在其他学科的渗透和影响下，生物科学的研究在方法上发生了根本的转变，在内容上也从描述和分析的水平向着精确和定量的方向深化。同时，生物科学的发展又以仿生学为渠道，向各种自然科学和技术科学输送宝贵的资料和丰富的营养，加速科学的发展。因此，仿生学的科学研究显示出无穷的生命力，它的发展和成就将为促进世界整体科学技术的发展做出巨大贡献。

仿生学可以按照以下不同方面进行分类：

1）按模仿内容分为：功能仿生、形态仿生、结构仿生、材料仿生等。

2）按模仿对象分为：植物仿生、动物仿生、人类仿生、微观仿生、无生命物仿生等。

3）按抽象程度分为：具象仿生和抽象仿生。

4）按完整性分为：整体仿生和局部仿生。

5）按生物原型的态势分为：静态仿生和动态仿生。

（2）仿生机器人。仿生机器人是指依据仿生学原理，模仿生物结构、运动特性等设计的性能优越的机电系统。仿生机器人是机器人发展的最高阶段，它既是机器人研究的最初目的，也是机器人发展的最终目标之一。它具有以下两个特点。

1）多为冗余自由度的机器人，结构复杂。

2）驱动仿生不同于常规的关节型机器人，多采用绳索、人造肌肉、形状记忆金属等方式驱动。

仿生机器人也经过了不同的历史发展阶段：

第一阶段，原始探索时期。该阶段主要是生物原型的原始模仿，如原始的飞行器，模拟鸟类的翅膀扑动。该阶段主要靠人力驱动，如三国时期的木牛流马。

第二个阶段，宏观仿形与运动仿生阶段。由于计算机技术的出现以及驱动装置的革新，该阶段主要利用机电系统实现了如行走、跳跃、飞行等生物功能，并实现了一定程度的人为控制。

第三阶段，机电系统开始与生物性能进行部分融合。随着人类对生物系统功能特征、形成机理认识的不断深入，以及计算机技术的发展，机电系统逐步实现与生物性能的融合。如传统结构与仿生材料的融合以及仿生驱动的运用。

第四阶段，即结构与生物特性一体化的类生命系统。强调仿生机器人不仅具有生物的形态特征和运动方式，同时具备生物的自我感知、自我控制等性能特性，更接近生物原型。仿生机器人正向第四个阶段发展。

目前仿生机器人主要应用在以下领域。

1）地面仿生机器人：仿人机器人，如图 8 - 10 所示。此外，尚有仿生多足移动机器人、仿蛇形机器人、仿生跳跃机器人。

图 8 - 10　仿人机器人

2）水下仿生机器人，如图 8 - 11 所示。

图 8 – 11　水下仿生机器人

3）空中仿生机器人，如图 8 – 12 所示。

图 8 – 12　空中仿生机器人

未来仿生机器人的发展趋势主要表现在以下几个方面。

1）朝小型化与微型化方向发展。

2）朝续航时间长、运动能力强、作业范围广的移动式仿生机器人方向发展。

3）朝具有医疗、娱乐、康复、助残等功能的仿生机器人方向发展。

4）朝实现仿生机器人群体化、网络化协同作业的方向发展。

（3）多足机器人。多足步行机器人是仿生机器人中的一种。它具有冗余驱动、多支链、时变拓扑的运动机构，是通过模仿多足动物运动形式而实现移动的足式特种机器人。通常多足的数目一般指四足及四足以上，常见的多足步行机器人有四足步行机器人、六足步行机器人、八足步行机器人等。国内外多足步行机器人的发展最早可追溯到中国古代三国时的"木牛流马"。随着机器人技术的日益进步，多足步行机器人得到了快速的发展并取得了很多可喜的成果。

相对于轮式、履带式机器人，足式机器人有其独特的优越性，具体表现在以下几个方面。

第一，足式机器人通过离散的落足点与地面接触，从而最大限度地避免了对地面环境的破坏，并且足式机器人针对地面环境通过对落足点的规划可以轻松地通过具有障碍物的崎岖地面。足式机器人对崎岖地面的高度适应性是其他机器人无法相比的。

第二，对于在松软地面环境中，足式机器人与轮式机器人及履带式机器人相比能量消耗量更低。

第三，足式机器人通过调整机体位姿（位置与姿态），既可以减小足端打滑，又可以提高机器人自身稳定性和可运动性，进一步提高了其对复杂地面的适应性。

第四，足式机器人在静态稳定步态下具有良好的容错性。由于轮式机器人的每个轮子都需要与地面接触，如果其中一个轮子发生故障就会导致整个机器人都无法前行，然而足式机器人腿多是冗余的，即使有一条腿发生故障也不会对机器人产生大的影响，在其他腿的协调运动中机器人仍然可以顺利地前行。

第五，足式机器人不仅可以完成移动行进的功能，同时也可以作为多自由度平台使用。当足式机器人处于支撑态时，通过调整足式机器人的位姿可以有效地协助安装于机器人上的机械手完成相应的工作。

由于足式机器人具有显著的复杂地形适应能力及灵活性，因此，足式机器人被广泛应用于众多领域，以替代人类完成各种复杂的工作。现有足式机器人的应用领域大体有：①远程探测，如火山探测、其他星球的探测、海底探测等；②危险环境中的应用，如核电站及其他高辐射环境下的作业、矿石勘探、扫雷及拆弹、救灾、军事应用等；③繁杂的工作，如果实采摘、森林伐木、除草、搬运等。

### 2. Arduino 基础知识学习

Arduino 是一款便捷灵活、方便上手的开源电子原型平台，主要包含两个主要的部分：硬件（各种型号的 Arduino 板，见图 8 – 13）和软件（Arduino IDE，见图 8 – 14）。硬件部分是可以用来做电路连接的 Arduino 电路板；另外一个则是 Arduino IDE，是计算机中的程序开发环境。只需在 Arduino IDE 中编写程序代码，将程序上传到 Arduino 电路板后，程序便会告诉 Arduino 电路板要做些什么。

Arduino 能通过各种各样的传感器来感知环境，并通过控制灯光、马达和其他的装置来反馈、影响环境。板子上的微控制器可以通过 Arduino 的编程语言来编写程序，编译成二进制文件，烧录进微控制器。对 Arduino 的编程是利用 Arduino 编程语言（基于Wiring）和 Arduino 开发环境（基于 Processing）来实现的。基于 Arduino 的项目可以只包含 Arduino，也可以包含 Arduino 和其他一些在 PC 上运行的软件，他们之间进行通信（如 Flash、Processing、MaxMSP）来实现。Arduino 平台有如下特点：

（1）跨平台。Arduino IDE 可以在 Windows、Macintosh OS X、Linux 三大主流操作系统上运行。

（2）简单清晰。不需要太多的单片机基础和编程基础，简单学习后，可以快速的进行开发。

（3）开放性：Arduino 的硬件原理图、电路图、Arduino IDE 软件及核心库文件都是开源的。

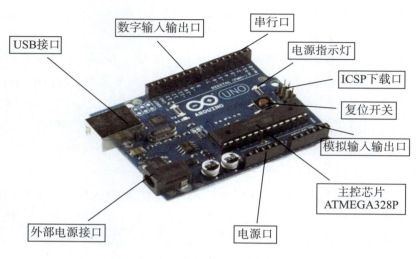

图 8-13　Arduino 单片机

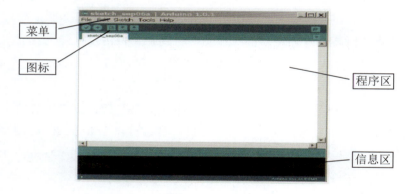

图 8-14　Arduino IDE 界面

### 3. 硬件结构及算法编程

（1）机械设计。机械结构设计的主要特点如下。

1）它是集思考、绘图、计算、实验于一体的设计过程，是机械设计中涉及问题最多、最具体、工作量最大的工作阶段。在整个机械设计过程中，平均约 80% 的时间用于结构设计，其对机械设计的成败起着举足轻重的作用。

2）机械结构设计问题的多解性，即满足同一设计要求的机械结构并不是唯一的。

3）机械结构设计阶段是一个很活跃的设计环节，常常需反复交叉的进行。在机器或机械中，任何零件都不是孤立存在的。因此在结构设计中除了研究零件本身的功能和其他特征外，还必需研究零件之间的相互关系。

（2）六足结构设计。通过观察，从图 8 – 15 中了解六足仿生昆虫的行走特征。想想看，这种行走方式需要用到什么零件。

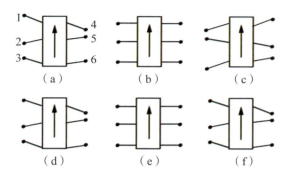

图 8 – 15　六足昆虫行走分解图

注：箭头指向六足机器人的头部

（3）直流电动机。直流电动机是将直流电能转换为机械能的电动机，其原理见图 8 – 16。直流电动机具有调速性能好、无级调速（可以达到比较大范围的任一转速）、起动容易、能够载重起动等优点。

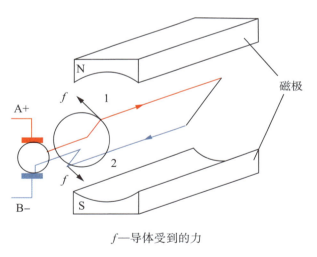

f—导体受到的力

图 8 – 16　直流电机原理

（4）触须传感器。自然界许多生物以触须感应的方式来获取外界的信息，如某些昆虫依靠长长的触须就可确认远处物体所在的位置，并判别其大小。触须在一定距离和范围内充当了触觉感官，用来弥补视觉系统的缺陷，昆虫借此能够避免与靠近物体的碰撞。触须传感器（图 8 – 17）由采样卡实时记录位置传感器（PSD）的输出信号

（人工触须根部由于物体接触所产生的微小位移），以此来判断接触物的位置、轮廓。

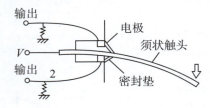

图 8 - 17　触须传感器结构

（5）程序流程图，如图 8 - 18 所示。

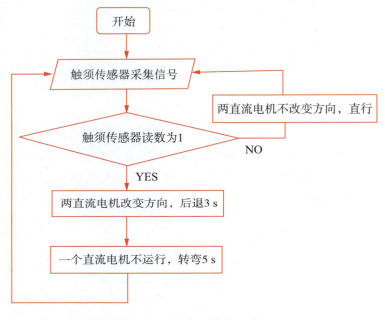

图 8 - 18　六足仿生机器人程序流程图

（六）安全注意事项

为防止短路，连接电路时应断电操作。

**案例 2　感知智能科学与技术创新实验项目案例：旅游景点自动拍照机械臂设计及制作**

**一、研究背景**

机械臂是目前在技术领域得到最广泛应用的自动化机械装置，在工业制造、医学治疗、军事以及太空探索等领域都能见到它的身影。尽管机械臂各自有着不同形态以及不同的特点并且发挥着各自不同的作用，但它们都有一个相同点，就是能够接受命令，精确地定位到三维或者二维空间上的某一点进行作业。将传统的机械设计制造和机械自动化进行比较，指出具有智能化的特征是现代机械和传统机械在功能上的本质区别。机械自动化在各行各业的应用和发展，显现出了机械自动化的优点和效益，多功能化、高效率、高可靠性、省材料、省能源，不断满足人们生活和生产多元化需求。

　　随着经济的发展，越来越多的人开始走出家门到各地去旅游，在旅游景点拍照留念成了每次出游必不可少的事情。一些独自旅游的游客会选择自拍杆作为自己的拍照工具，但使用自拍杆时免不了会有手抖的问题，有一定的局限性。并且在人们追逐潮流的同时，一些不期望的现象也随之发生：世界上很多国家的博物馆已禁用自拍杆，这是因为在使用自拍杆时，一方面容易不小心碰触展品；另一方面，在寻找拍照角度的时候会不小心对其他游客造成人身伤害。那么如何解决自拍杆带来的一系列不方便的问题呢？旅游景点自动拍照机械臂便成为了参观旅游景点拍照留念最好的工具。

## 二、 研究目的与思路

　　本课题设计了在旅游景点自动拍照的机械臂。此机械臂可自动控制拍照，将代替传统人工拍照，从而大大节约拍照成本。此外，相比于自拍杆等拍照工具，旅游景点自动拍照机械臂具有稳定、拍摄角度佳等天然优势。旅游景点自动拍照机械臂是固定在景区风景最佳拍摄点的自动拍照装置。首先，游客通过按动启动按钮，做出照相动作。其次，机械臂通过超声波传感器做出判断，并调整位于机械臂上已安装好的相机的位置，自动调整到最适合每位来照相的游客身高的位置。最后，完成拍摄。自动拍照机械臂的主体部分由丝杠来解决机械平台传动问题，并设计了适用于任何尺寸手机都能平稳放置的手机架；选用了超声波测距定位以便于找到更好的位置，并可根据要实现的功能编写控制程序。若将此自动拍照机械臂设立在公园、博物馆的各个最佳拍摄点，这样既能解决独自游玩的旅客不方便拍照，又可以减小对博物馆展品伤害的可能性。

## 三、 实验器材

　　（1）丝杠参数：有效行程 40 cm，单杆；42 式步进电机，可搭载质量 10 kg，滑台可搭载 30 kg。

　　（2）铝材质结构件。

　　（3）Arduino UNO 主板及套件。

　　（4）超声波测距传感器。

　　（5）舵机。

## 四、 研究过程

### （一） 程序流程图

自动拍照机械臂的程序流程图如图8-19所示。

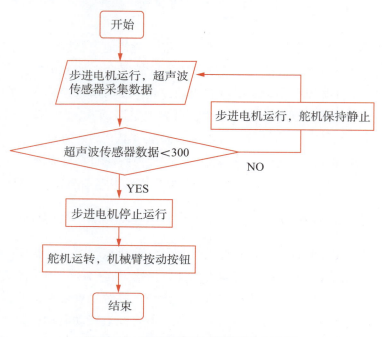

图8-19 自动拍照机械臂的程序流程图

### （二） 机械设计

（1）主体结构：如图8-20所示，采用42式步进电机作为丝杠的动力来源。它可以带动3 kg的物体（即30N的力），使丝杠的运转不会出现动力不足的情况。本课题所用丝杆的直径为20 mm，采用双线矩形螺纹，有效行程为40 cm。这样可以保证滑台上下移动的速度较为合适，且滑动过程中不会出现被卡住的情况，还能满足绝大部分因身高不同带来的个体差异的需求。本课题将滑台面积设计的较小，以减轻其重量，但是还需依具体情况而定。

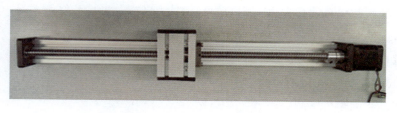

图8-20 步进电机及丝杠

（2）支架设计：在滑台的下端安装相机支架。分格式相机支架如图 8 – 21 所示。

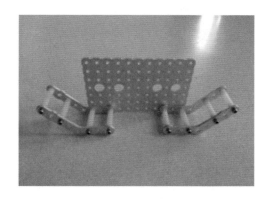

图 8 – 21　分格式相机支架

分格式设计可以满足不同大小、不同型号的手机或相机平稳地放在上面，不会因为滑台的上下移动而不慎掉落。

（3）机械臂设计：机械臂的设计理念是简洁，故本课题仅用一个舵机完成对机械手的控制，并且可以满足按到按钮。此机械臂有 2 个自由度来保证动作的协调性和稳定性，既不会因为自由度太少而影响机械臂的灵活性，也不会因为机械臂太长太重而过于笨重，并且还能准确进行按键动作，如图 8 – 22 所示。

图 8 – 22　单键式机械臂

（4）传感器的安装设计：在滑台的上端安装超声波测距传感器（图 8 – 23），以控制滑台上下移动的具体位置。通过激光切割制作了固定传感器的支架。超声波测距传感器是利用超声波的特性研制而成的传感器，具有频率高、波长短、绕射现象小，特别是方向性好、能够成为射线而定向传播等特点。

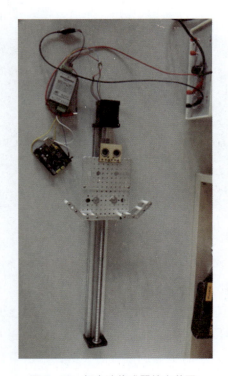

图 8-23　超声波传感器的安装图

（三）软件设计

程序设计见图 8-24，分为三部分，即丝杠部分、超声测距部分和机械臂部分。丝杠部分控制滑台的上下移动，是整个程序的基础；超声测距控制滑台何时停止滑动，是整个程序的核心；机械臂部分来控制其舵机的转动，是控制中枢。

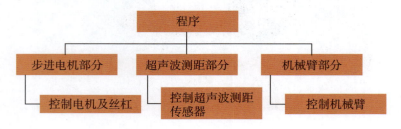

图 8-24　软件控制相应的硬件部分

（四）产品特性

旅游景点自动拍照机械臂的整体效果见图 8-25，它具有 3 个特性。

（1）科学性：利用软件控制和机械联动相结合的方式实现拍照功能。

（2）合理性：减少了取景时间的浪费、避免了对展品的不慎损坏。

（3）适用性：适用于各类旅游景点及博物馆。

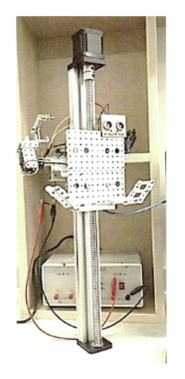

图 8-25　自动拍照机械臂的整体实物图

## 五、 创新点

旅游景点自动拍照机械臂有 3 个创新点。

（1） 首创固定式"自拍杆"。

（2） 自行设计手机支架的结构。

（3） 实现超声波、丝杠及机械臂的联动控制。

## 六、 后期改进

（1） 适合多人拍的弧形十字机械臂。

（2） 改进单键式机械臂，使之可以识别多种相机手机的拍照按键，真正实现拍照装置的全自动化。

（3） 将装置连接于网络，使拍摄好的照片可以自动传送到某个固定网址，方便人们下载欣赏。

## 七、 参考文献

[1] 吴朝阳，科技造福民生——论机械臂在生活中的应用 [J]. 科技致富向导，

2012（19）：93.

［2］张宝坤，王淑霞，王艳. 机械设计制造及其自动化的发展方向［J］. 化工装备技术，2011，32（4）：48—54.

［3］李亚强，基于"探索者"模块化机器人平台的平动爬楼机器人的设计与制作［D］. 北京：北京石油化工学院，2011.

［4］董俊杰，基于"探索者"模块化机器人平台的外骨骼机械臂的设计与制作［D］. 北京：北京石油化工学院，2011.

## 附： 教师点评

本项目经过一年半的时间完成了从设计到成品的过程，已于 2016 年申请了实用新型专利。课题基于自拍杆的优缺点，设计了自动拍照的智能装置。选题立意贴近生活，能解决特定环境和特定情况的问题，具有一定的实用性。实际效果能实现超声波探测到人，步进电机停止运行，机械臂按下按键。3 名学生从零基础到能熟练运用软硬件，充分利用了课堂时间和部分课余时间，请教了校内外的专家老师，最终完成课题，实属不易。但在硬件和软件方面还有一些需要改进的地方，如支架不适合放置较大的相机等。

# 第九章　触摸智能机器人

 **导引**

　　机器人是集机械、电子、控制、传感、人工智能等多学科先进技术于一体的自动化装备。自1956年机器人产业诞生后，经过60多年发展，机器人已被广泛应用于装备制造、新材料、生物医药、智慧新能源等高新产业。机器人与人工智能技术、先进制造技术和移动互联网技术的融合发展，推动了人类社会生活方式的变革。科技的发展需要人才的不断供给，人工智能机器人实验室是学生深入探究人工智能和机器人的良好平台。

　　人工智能机器人实验室软硬件装备可涵盖 VEX 机器人、基于 Arduino 的智能家居系统、服务机器人、小型开源研究平台 Turtlebot、智能机器人足球、Baxter 研究型机器人等设备，以及机器人开发语言 RobotC、编程语言 Python、机器人操作系统 ROS（Robot Operating System）等平台。实验室可开展人机互动、人工智能深度学习、机器人自主环境感知、自主轨迹规划和自主抓取、多机器人协作等教学和科研，从而具备人工智能与机器人基础教学、前沿技术探索、科研课题申报及答辩等多项职能。通过良好的教研环境，学生可了解该领域的科技应用发展，锻炼动手创新能力，培养科研习惯和思维，参加相关竞赛，从而实现中学教育与大学科研之间的精准对接。

# 第一节  人工智能机器人实验室的配置

## 一、 活动目标

更好地培养具有科学精神和探究意识的拔尖创新人才，实现在初高中阶段开展人工智能机器人教育，为满足大学教育直至全社会对人工智能机器人的需求输送后备人才。

## 二、 场地设施条件

### （一） 场地条件

人工智能机器人实验室应具备可无偿使用、实用面积近 150 m$^2$ 的固定活动场所和教学场地，以及开展实践活动和教学所必需的基础条件，如实验桌椅、活动器材存放柜、计算机、安全应急设施等。

图 9-1 是北京市第三十五中学人工智能机器人实验室场地的侧景之一。图中由近及远展示了服务机器人、储物柜、Baxter 协同型机器人和部分教学区域。图 9-2 展示了机器人足球实践活动区域的布局。

图 9-1  人工智能机器人实验室侧景

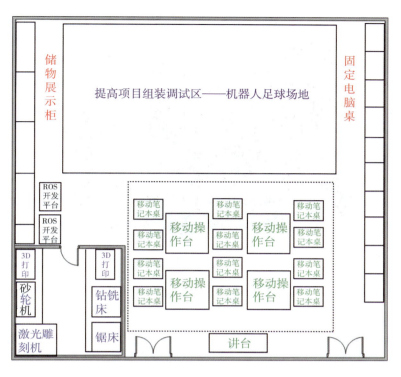

图 9 - 2  机器人足球场地布局图

（二）设施条件

（1）科技辅导员专用设施：计算机、网络多媒体、幕布和其他多媒体设备。

（2）学生活动专用设施。精彩的学生活动离不开丰富多样的机器人设备，下面分别介绍实验室可供学生使用的设施设备。

1）Baxter 研究型机器人。这是一款与传统工业机器人不同的创新人机互动机器人，来自 Rethink Robotics 公司，具有无可比拟的适应性和安全性。它的安全性在于：传统工业机器人的手臂是马达直接驱动，而 Baxter 机器人手臂的驱动是由马达带动弹簧进行运动，当手臂碰到物体的时候，机器人系统可以检测到可能已经"打到人"了，进而通过判断停下来，比一般不能检测或者不能这么"温柔"碰到其他物体的传统工业机器人更加安全。

机器人本身具有丰富的传感器，如关节处的力矩传感器，头部的声呐传感器和头部的彩色摄像头等，再结合 Baxter 机器人优秀的安全机制，非常适合在工厂和科研中使用。Baxter 机器人的重要组件还包括双机械手臂和夹持器，其中机械臂的自由度各为7。强大的多自由度机械臂来自工业需求，能够实现如机械臂自动规划路径实现精确抓取物体等功能。Baxter 机器人基于 ROS 软件系统，由美国斯坦福大学机器人实验室研发。

图 9-3 展示了 Baxter 机器人实现物体的抓取过程。

图 9-3　Baxter 机器人抓取物体

机器人的机械臂能力如何？举个例子，在 2017 年第 29 届国际智能机器人与系统大会上，清华大学的计算机系团队使用 Baxter 机器人获得国际机器人"抓取与操作"比赛冠军。在自主环境感知、自主轨迹规划和自主抓取策略等方面的全自主任务中，该团队通过 Baxter 机器人，利用深度学习物体检测与分类和自主规划操作策略等相关技术，在该项任务中表现出色。机器人的抓取能力由此可见一斑。

2）家庭服务机器人（图 9-4）。顾名思义，可用于多种家庭服务场景，助老助残改善生活质量。和 Baxter 机器人一样，家庭服务机器人也基于世界先进的机器人操作系统 ROS，拥有精准度高的视觉传感器（包含激光雷达和 Kinect 传感器）、机械手臂和灵活的底盘。

家庭服务机器人可以实现人体/物体跟随，人脸识别，语音识别和合成，激光雷达建图，静态/动态壁障，自主定位导航，机械臂物体抓取等与生活服务联系紧密的功能和应用。

图 9-4　家庭服务机器人

图 9-5 为学生在电脑上通过编程和指令的操作来实现对服务机器人的控制，并进行相关课题研究。在学校每年的科技创新活动周期间，学生基于服务机器人进行的课题研究精彩纷呈。

3）多机器人足球系统。多机器人足球系统分为四大子系统：视觉子系统、决策子系统、无线通信子系统和足球机器人子系统。视觉子系统包括足球场地上方的两个摄

像头、裁判计算机内的图像采集卡
和图像识别处理软件程序；决策子
系统是两台决策计算机中运行的决
策规划和运动控制程序；无线通信
子系统包括无线数据发射器和赛场
上足球机器人的无线数据接收模
块；足球机器人子系统包括无线数
据接收模块、运动控制模块、电动
机以及其他配件。场地上方的两个
摄像头可以捕捉足球机器人的运动
信息路径，双方足球机器人按照软
件编程策略进行协同对抗。

图 9-5　学生通过编程与指令操作控制机器人

　　可参赛的项目是小型组机器人足球（又被称为 F180，F180 的来历是机器人本身的直径不能超过 180 cm），它是 Robot Cup 机器人世界杯的一部分。这个项目集中解决了多个智能机器人间的合作问题以及在混合集中分布式系统下高度动态环境中的控制问题。图 9-6 为多机器人足球系统示意图。图 9-7 为 Robot Cup 机器人世界杯中的小型机器人足球赛。

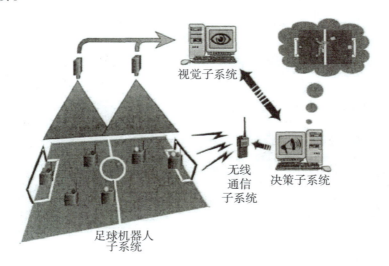

视觉子系统

无线
通信
子系统

决策子系统

足球机器人
子系统

图 9-6　多机器人足球系统示意图

　　4）小型机器人开源研究平台 Turtlebot。Turtlebot 是一个开源的硬件平台和移动基站。和 Baxter 机器人、家庭服务机器人一样，Turtlebot 的软件也基于世界先进的机器人操作系统 ROS。采用 ROS 软件，Turtlebot 可以处理视觉、定位、通信和移动性。它可以自主地移动任何在它顶部的东西到指定地方，自动避开障碍，能实现 3D 地图

图 9 - 7　Robocup 机器人世界杯中的小型机器人足球赛

导航等功能。图 9 - 8 和 图 9 - 9 分别是 Turtlebot 概图和处于指令界面进行数据处理的 Turtlebot。

图 9 - 8　Turtlebot 概图　　　　　图 9 - 9　处于指令界面进行数据处理的 Turtlebot

　　Turtlebot 的硬件包括移动底座、Kinect 视觉传感器、2200 mA（或 4400 mA）电池和可装卸的结构模块、机械臂、笔记本电脑。Turtlebot 相比其他的机器人，携带非常方便，可以在这个基础开发平台上做很多实验和科学研究。图 9 - 10 展示了利用系统中的图形化工具（RVIZ）对房间进行建图。

　　5）ROS 机器人操作系统。机器人操作系统是 2007 年斯坦福大学开展的一个项目。

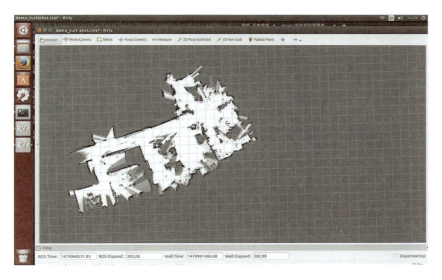

图 9 – 10　利用 RVIZ 对房间进行建图

同时，其与当时 Willow Garage 公司的机器人项目进行合作，共同开发出 ROS 系统。经过多年的开发和维护，ROS 系统现在已经成为主流的机器人系统框架。

　　严格地说，ROS 系统不是传统意义的管理和进程管理的操作系统，可以被看作是一个运行在主机操作系统（通常是 Linux 系统）之上的结构化通信层，提供进程间各种各样的通信机制。ROS 系统通过具有独立功能的节点（node）运行，可以运用分布式框架处理各类独立的任务；通过多机之间的通信实现系统的整体功能，从而提高运算效率，减轻机器人复杂任务中实时计算的压力。

　　ROS 系统强大的自身工具和丰富的第三方库支持，使越来越多的研究者和极客们都在进行 ROS 系统的开发。同时，也有越来越多的公司逐步直接运行 ROS 系统，大大加速了 ROS 系统在机器人领域的普及与发展，使得 ROS 系统越来越流行。

　　6）多自由度人形机器人。仿人形机器人，如图 9 – 11 所示，通过配套编程软件实现编程操作。其主控板采用智能芯片，可控制 24 路数字舵机同时工作，可存储 256 个动作组；配置无线手柄，可远程控制机器人完成不少于 10 个不同的动作组。其结构是仿人的，机器人外观参照人的比例，身高大于 34 cm，臂展大于 36 cm，全身采用金属结构、铝制镀钛舵盘和齿轮，牢固耐用。机器人可完成倒地、起立、走楼梯、跨栏、钻洞、前进、后退、扭腰、扭臀、单脚独立、甩头等各种仿人舞蹈动作。

　　7）智能家居系统。智能家居系统是指以家庭住宅为基础，通过物联网技术将家居中的各种电器（如冰箱、空调、电视、灯、加湿器、电脑等）以及各种家居设备（如窗帘、椅子、床等）联系起来，利用传感器技术使各种电器、设备等物体获得感知能力，并能够互相通信，以实现一系列智能的家居服务。如智能照明系统、自动窗帘、

图 9 – 11　仿人形机器人表演舞蹈

智能夜灯、自动温湿度控制系统、自动灌溉浇花系统等，学生可以基于这个平台做论证实验和探究课题。

　　该系统包含了很多子系统，如温度监测子系统、自动浇花子系统、智能声光子系统等。以自动浇花系统为例，实现的功能是根据之前设定好的湿度传感器阈值，水泵会自动启动或者关闭以实现智能化。阈值的设定可以根据植物类型来给定（如仙人掌和吊兰对是否浇水的需求差别很大）。图 9 – 12 是自动浇花系统的结构部件图。图 9 – 13 展示了自动浇花子系统 Arduino 编程界面。图 9 – 14 展示了自动浇花子系统的部分代码。

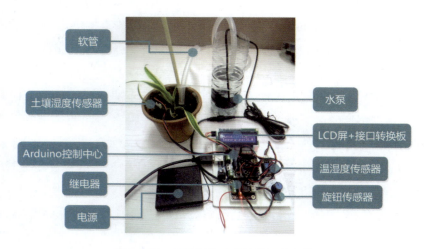

图 9 – 12　自动浇花子系统的结构部件

图 9 – 13　自动浇花子系统 Arduino 编程界面

```
#include <dht.h>
#include <Wire.h>
#include <LiquidCrystal_I2C.h> //引用I2C库

dht DHT;
//设置LCD1602设备地址，这里的地址是0x3F,
一般是0x20，或者0x27，具体要看测试结果
LiquidCrystal_I2C lcd(0x3F,16,2);

#define DHT11_PIN 8//定义温湿度引脚为 IO-8
#define Moisture A3 //定义土壤湿度为 IO-A3
#define DO A2     //定义旋钮引脚为 IO-A2
#define Relay 12  //设置继电器的控制数字引脚
int p_command;
int r_data;
int r_command;
```

```
void setup()
{
  Serial.begin(115200);
  Serial.println("DHT TEST PROGRAM ");
  Serial.print("LIBRARY VERSION: ");
  Serial.println(DHT_LIB_VERSION);
  Serial.println();
  Serial.println("Type,\tstatus,\tHumidity
(%),\tTemperature (C)");
  //moisture sensor and rotation sensor
  pinMode(Moisture, INPUT);//定义A0为输入模
式
  pinMode(DO, INPUT);
  // 初始化LCD
  lcd.init();
  lcd.backlight();       //设置LCD背景等亮
  //初始化pumb
  pinMode(12, OUTPUT); //Set Pin13 as output
  digitalWrite(12, HIGH); //Set Pin13 High
}
```

图 9 – 14　自动浇花子系统的部分代码

8）VEX 机器人。诞生于美国的 VEX 机器人，如图 9 – 15 所示，是美国太空总署、卡耐基梅隆大学等机构和大学大力支持的机器人项目。美国很多"常春藤"大学都在以VEX 机器人系列套装教材作为 STEM 项目的首选设计工具来进行项目研发，流行度很广。

图 9 – 15　VEX EDR 机器人

自主研发的编程语言 RobotC（逻辑参照 C 语言）可以为其编程，所以这个项目可以为学生日后接触 C 语言打下基础。VEX 机器人世界锦标赛每年吸引了全球上百万青少年参与选拔，直接参赛人数超过 9 万人，是全球影响力最大的赛事之一。图 9 – 16 为 2017 年 VEX 机器人世界锦标赛的 VEX 机器人双方对抗现场图。

图 9 – 16　2017 年 VEX 机器人世界锦标赛

9）乐高（LEGO）EV3 机器人。LEGO 来自丹麦，至今已有近百年的发展历史。EV3 是 2013 年 LEGO 公司开发的第三代 MINDSTORMS 机器人，最大的特点是无须使用计算机就可进行编程。其主要可以培养锻炼学生的动手能力和逻辑思维，算法编写能力。该机器人可以应用在很多种比赛上，如 FLL（由 FIRST 机构与乐高集团组成的一个联盟组织），Robot Cup 机器人世界杯等，在以上竞技性比赛中，对机器人的算法思维逻辑要求很高，很具挑战性。图 9 – 17 是包含零件、主机和多种传感器的 LEGO EV3 机器人组件。图 9 – 18 展示了图形化的算法编写界面。

图 9 – 17　LEGO EV3 机器人的组件

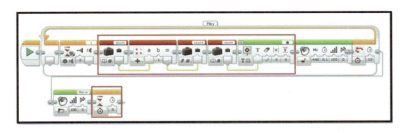

图 9 – 18　图形化的算法编写界面

（3）实验室辅助设施。

储物柜和展柜：因机器人设备较多，为了展示和安全管理，实验室需配置很多展柜、立柜和横柜的组合柜，一物多用。

沙发：因家庭服务机器人应用场景在家中，实验室需额外配备一组沙发和茶几以营造家庭环境，方便进行实验。

### 三、 人员配备条件

人工智能机器人实验室需配备 1 名具有专业背景的专职科技辅导员及多名兼职科技辅导员和志愿者。

## 四、 容纳学生数量

同一时间段可容纳 20 人左右的学生进行实践活动。

## 五、 开放时间

工作日固定开放，节假日预约开放。

## 六、 活动内容

基于实验室多种机器人设备，学生在老师指导下进行活动。因为学生基础差异较大，对应的教学开展也会针对不同水平学生有不同的活动安排。

活动课程按照入门基础、进阶中级和探索高级分为 3 个部分：对于以前没有太多机器人基础的同学，提供入门级课程，以一些经典易懂的机器人设计，培养他们的硬件搭建能力和编程思维；对于有一定基础的同学，使用中等难度的课程，提升其能力；对于基础较好的同学，采用大学的培养方式，除了课程学习之外，让学生更多地在教师指导下进行课题研究。主要活动课程体系见图 9 – 19。

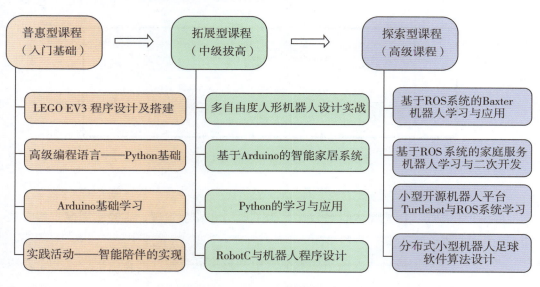

**图 9 – 19　实验室活动课程体系**

## 七、 活动形式

活动形式主要可以分为小组探究和展示、培训、竞赛等。

## 八、人工智能机器人实验室的建设及活动案例

北京市第三十五中学的人工智能机器人实验室由清华大学支持建设。实验室配置了多种机器人软硬件设备平台，包括：机器人操作系统 ROS，Baxter 协同型机器人，小型机器人开源研究平台 Turtlebot，基于 ROS 系统的家庭服务机器人，小型分布式机器人足球 F180，基于 Arduino 的智能家居系统，仿人形机器人，LEGO EV3 机器人等。

开展过的部分活动如下。

（1）小组探究和展示——"基于 ROS 的服务机器人运动模块研究"和"基于 Turtlebot 的跟随功能探究"分别如图 9－20、图 9－21 所示。活动时长：5 d。

图 9－20　基于 ROS 的服务机器人运动模块研究　　图 9－21　基于 Turtlebot 的跟随功能探究

（2）短期培训——"2017 一带一路青少年创客营与教师研讨活动"机器人课程，如图 9－22、图 9－23 所示。活动时长：2 d。

图 9－22　学生自主探究学习机器人课堂　　　　图 9－23　教师指导学习机器人课程

（3）竞赛集训——2017 年和 2018 年 Robot Cup 机器人世界杯中国赛备赛，如图 9－24、图 9－25 所示。活动时长：持续 1 个月，主要利用学生课外时间。

图 9－24 2017 年 Robot Cup 机器人世界杯中国赛备赛　图 9－25 2018 年 Robot Cup 机器人世界杯中国赛备赛

## 第二节　触摸人工智能活动案例

**案例 1　多自由度机器人基础实践活动案例：多自由度机器人微电影制作**

### 一、活动目标

精准的机器人动作和灵活的转换是机器人设计者的至高要求。本活动目标是由学生设计和实施制作一场仿人形机器人表演的"舞台剧"。

### 二、活动时长

本活动时长应根据学生年龄段有所调整。针对高中及以上学生，建议进行 3 d 左右；针对初中及以下学生，建议进行 5 ~ 6 d。

### 三、活动人数

3 ~ 4 人一组。实验室可以同时容纳 6 组学生同时进行活动。

### 四、活动所需器材

自由度大于 15 的机器人，一组至少 2 台。机器人要求：可通过编程软件实现编程操作，主控板采用智能芯片，可控制数字舵机同时工作，可进行 200 组以上的动作存储；结构牢固耐用；机器人头部最好可以转动，可完成如倒地、起立、走楼梯、跨栏、前进、后退、扭腰、单脚独立等各种仿人动作。

计算机（台式或者笔记本电脑）1 组至少配备 1 台。

### 五、活动过程

（1）教师对该活动进行讲解：多自由度灵动"机器人舞台剧"实践活动，流程演示（建议1课时）。

（2）观赏优秀的机器人微电影作品（建议1~2课时）。

（3）学习多自由度人形机器人的组成和硬件，操作方法以及视频音频处理软件的使用技巧（建议2课时）。

（4）学习机器人调试软件和实践练习（建议2课时）。

（5）开始项目实施：小组合作，分工协作（建议3~4人为一组），进行人形机器人舞台剧的设计（建议4课时）。

（6）人形机器人舞台剧的实施和初期调试（建议4课时）。

（7）人形机器人的动作设置和综合调试（建议3课时）。

（8）机器人舞台剧的后期效果编辑和整体效果调整（建议4课时）。

（9）人形机器人舞台剧的展示表演和讲解（建议1.5课时）。

学生进行活动时的部分照片如图9−26~图9−29所示。

图9−26　学生对机器人动作进行编程和调试

图9−27　对机器人动作进行调试

图9−28　拍摄编程好的机器人动作

图9−29　对素材进行后期编辑及加工

图 9 – 28 显示学生对已经编好动作的机器人进行拍摄，获取素材。背景可使用绿幕，方便后期进行抠图替换背景。

## 六、 安全注意事项

机器人需要多次充电。学生应听从老师的指导注意安全用电和防止过度充电。

### 案例 2　智能机器人——Baxter 机器人创新实验项目案例

## 一、 研究背景

本项目旨在让学生通过人工智能机器人实验室的 Baxter 协作型机器人探究机械臂的精准定位。Baxter 机器人可以用于生产线上的零部件组装加工工作，能够对外界环境变化做出响应。研究 Baxter 协作型机器人，需要在 ROS 操作系统上使用 Python 等编程语言编写代码。学生通过 Baxter 机器人学习编写软件代码，专注于应用的开发和代码的学习过程，进一步缩减学习与练习之间的鸿沟。

## 二、 研究目的

手臂精准定位运动是 Baxter 机器人的重要应用。此课题对于学生研究高端机器人，深层次理解机器人运行原理，与大学科研接轨有重要研究意义。

## 三、 主要器材

Baxter 机器人及其配件；1 台计算机（台式或者笔记本电脑均可，已安装 Ubuntu 14 操作系统）和路由器（连接 Baxter 与电脑，使处于同一局域网通信）。

## 四、 研究过程

本项目的研究过程可以分为以下几个步骤。

（1）了解 Baxter 机器人的工作原理：了解通用工业机器人和 Baxter 协同型机器人的工作原理和实现方式。

（2）学习 ROS 机制框架和 Linux 指令：在老师的指导下，安装了解 ROS 的框架结构和原理；学习并理解 Linux 操作系统的指令内容，能够熟练常用的 Linux 命令。

（3）学习安装 ROS 环境。

（4）Python 编程语言的学习和实践。

（5）Baxter 协作型机器人的使用：在老师的指导下，学习机器人的各种功能和运行方式。

（6）Baxter 机器人的双机械臂定位：通过指令代码控制机械臂的精准定位，完成指定任务——"机器人多次挥手"表示欢迎。

## 五、 结果

本项目希望通过编写 Python 代码指令使得机器人机械臂做出"多次挥手"动作，以深入理解机器人动作的运行原理。

通过多次调试，确定控制机械臂动作的 Python 代码指令，具体如下。

注意： >>> 是提示符，是计算机终端的提示，不需要再次输入。

前提：确保启动了 Baxter 机器人。

指令： $ rosrun baxter_ tools enable_ robot. py － e。

启动交互式 Python Shell：

$ python

>>> importrospy # 导入 python 自带模块和包，rospy 是 ROS Python API

>>> import baxter_ interface # 导入 baxter_ interface

>>> rospy. init_ node（'Hello_ Baxter'）   # 初始化 ROS 节点

>>> limb = baxter_ interface. Limb（'right'）  # 创建一个 limb 实例

>>> angles = limb. joint_ angles（）  # 获取右机械臂目前的关节角度

>>> print angles  #打印目前的关节角度，于是屏幕终端会出现很多角度，以方便学生更加直观的获取机械臂位置信息

>>> angles［'right_ s0'］ = 0. 0

>>> angles［'right_ s1'］ = 0. 0

>>> angles［'right_ e0'］ = 0. 0

>>> angles［'right_ e1'］ = 0. 0

>>> angles［'right_ w0'］ = 0. 0

>>> angles［'right_ w1'］ = 0. 0

>>> angles［'right_ w2'］ = 0. 0 #以上 7 行指令是在重置该机械臂各个关节角度（7 个自由度，于是有 7 行代码，可以都设置为 0. 0）

>>> print angles  # 打印目前的关节信息

>>> limb. move_ to_ joint_ positions（angles）# 既然已经设置了关节信息（各关节值都为 0. 0），于是需要运动到设置好的关节位置。这行代码是执行指令

>>> wave_ 1 = ｛'right_ s0': － 0. 459，'right_ s1': － 0. 202，'right_ e0':1. 807，'right_ e1':1. 714，'right_ w0': － 0. 906，'right_ w1': － 1. 545，'right_ w2': － 0. 276｝  #存储第一个位置（手臂）

```
>>> wave_ 2 = {'right_ s0':-0.395，'right_ s1':-0.202，'right_ e0':1.831，'right
_ e1':1.981，'right_ w0':-1.979，'right_ w1':-1.100，'right_ w2':-0.448} # 存储第二
个位置（手臂）
>>> for _ move in range（3）：
...    limb. move_ to_ joint_ positions（wave_ 1）
...    limb. move_ to_ joint_ positions（wave_ 2）#以上 3 段代码是利用 for 循环
使得机械臂挥动 3 次（从 wave_ 1 位置到 wave_ 2 位置）
>>> quit（）    # 执行结束，输入 quit（）代表跳出该进程
```

## 六、 展望

后期可以继续探索扩展 Baxter 的功能算法优化以及与人工智能算法的深度结合。举个例子，越来越多的工程师将人工智能算法在 Baxter 平台上实现，期望将来能够探索出通过思想力量来控制的机器人。据调研，美国麻省理工学院的工程师们在这个领域做了深入的研究，希望 Baxter 机器人实时读取人类脑波，以便了解人类何时不满意，何时满意。如果人认为它犯了错误，Baxter 会注意并纠正自己。Baxter 的主人可以做出细微的手势，指示机器人执行不同的任务。未来期望让机器人在没有任何训练的情况下充当人类意愿的延伸，Baxter 的决策速度能够更大的提升。

## 七、 参考文献

[1] 杨涛. 基于 Kinect 辅助的服务机器人抓取路径规划研究 [D]. 杭州：浙江大学，2017.

### 附： 教师点评

本项目基于先进的、真实的机器人开发环境——Baxter 机器人进行实验研究，重点和难点在于 ROS 环境的安装和 Python 代码的灵活理解和编写。

说其难是因为学生们基本上都是第一次接触真实的机器人开发环境，对于纯代码界面和 Linux 操作系统等非常陌生而且较为抗拒。前期教师必须引导学生一点点熟悉环境，通过大量的演示和讲解使学生慢慢能够接受和理解一些机器人运行框架。当老师带着学生走过前期的"黑暗时光"后，后期学生可以自主的理解 demo 例子并且进行改编。本项目还涉及 Python 语言的语法学习，如果学生无法读懂代码也无法进行后续的代码编写。由此可见，最后一个"微小"结果的呈现需要大量的知识储备和准备工作。在实践过程中，往往伴随着大量的失败和挫折，代码运行几十次，调试上百次是家常

便饭，但正是这样的磨砺使学生能够深入体会到科研成果的不易和成功的喜悦。项目课题的探究训练让学生体会到完整的探究过程以及论文的写作方法，这对学生科学素养和与大学应具备知识能力的精准对接是很有好处的，能够帮助学校培养更多的拔尖创新人才。

# 第十章　遨游大数据时代

 **导引**

《纽约时报》在 2012 年 2 月的一篇专栏中称，"大数据"时代已经降临，在商业、经济及其他领域中，决策将日益基于数据和分析而做出，而并非基于经验和直觉。哈佛大学社会学教授加里·金说："这是一场革命，庞大的数据资源使得各个领域开始了量化进程，无论学术界、商界还是政府，所有领域都将开始这种进程。"阿里巴巴创办人马云赴中国台湾演讲中提到，未来的时代将不是互联网技术（IT）时代，而是 DT 的时代。DT 就是 Data Technology，数据科技。对于很多行业而言，如何利用大规模数据已成为赢得竞争的关键。

2015 年 9 月，国务院印发《促进大数据发展行动纲要》，系统部署大数据发展工作。《促进大数据发展行动纲要》明确指出，推动大数据发展和应用，在未来 5~10 年打造精准治理、多方协作的社会治理新模式，建立运行平稳、安全高效的经济运行新机制。2016 年 3 月 17 日，《中华人民共和国国民经济和社会发展第十三个五年规划纲要》发布，其中第二十七章"实施国家大数据战略"提出：把大数据作为基础性战略资源，全面实施促进大数据发展行动，加快推动数据资源共享开放和开发应用，助力产业转型升级和社会治理创新；加快政府数据开放共享、促进大数据产业健康发展。

大数据时代带来众多思维改变，探究问题的思维从样本思维转向总体思维，从精确思维转向容错思维。在小数据时代，由于收集的样本信息量比较少，所以必须确保记录下来的数据尽量结构化、精确化，否则，分析得出的结论很可能"南辕北辙"，因此，通常十分注重精确思维。然而，在大数据时代，得益于大数据技术的突破，大量的非结构化、异构化的数据能够得到储存和分析，这一方面提升了我们从数据中获取知识和洞见的能力，另一方面也对传统的精确思维造成了挑战。舍恩伯格指出，"执迷于精确性是信息缺乏时代和模拟时代的产物。只有5%的数据是结构化且能适用于传统数据库的。如果不接受混乱，剩下95%的非结构化数据都无法利用，只有接受不精确性，我们才能打开一扇从未涉足的世界的窗户"。也就是说，在大数据时代，思维方式要从精确思维转向容错思维，当拥有海量即时数据时，绝对的精准不再是追求的主要目标，适当忽略微观层面上的精确度，容许一定程度的错误与混杂，反而可以在宏观层面拥有更好的知识和洞察力。

从因果思维转向相关思维。在小数据世界中，人们往往执着于现象背后的因果关系，试图通过有限样本数据来剖析其中的内在机理。小数据的另一个缺陷就是有限的样本数据无法反映出事物之间普遍性的相关关系。而在大数据时代，人们可以通过大数据技术挖掘出事物之间隐蔽的相关关系，获得更多的认知与洞见，运用这些认知与洞见可以帮助我们捕捉现在和预测未来形势，而建立在相关关系分析基础上的预测正是大数据的核心议题。通过关注线性的相关关系，以及复杂的非线性相关关系，可以帮助人们看到很多以前不曾注意的联系，相关关系甚至可以超越因果关系。也就是说，在大数据时代，思维方式要从因果思维转向相关思维，努力颠覆千百年来人类形成的传统思维模式和固有偏见，才能更好地分享大数据带来的深刻洞见。相关性让人类更多地发现和认知了物理世界中"暗藏"已久的人与人、人与物、物与物、物与事、事与事之间的"关系"，相关性不仅是大数据的灵魂，更应该是数据世界里我们每一个人的思维灵魂。

## 第一节　大数据与科学计算实验室的建设

中学生对大数据的认识渠道非常少，传统课堂教学中还没有涉及这一时代新产物。这也反映了传统课堂教学和前沿科技的脱节。因此，大数据与科学计算实验室的建设势在必行。如何抓住大数据的时代脉搏，让中学生走到时代前列，认识大数据，体会大数据思维理念，形成大数据思维习惯，是中学建设大数据与科学计算实验室的使命之一。

不同于传统的科学探究实验室，大数据与科学计算实验室不需要更多的仪器设备。因此，本章将重点从大数据与科学计算实验室课程开展方向的角度进行阐述，为中学生"遨游"大数据时代提供指导。

北京市第三十五中学的大数据与科学计算实验室由中国科学院计算数学与科学工程计算研究所支撑创建，引导学生认识大数据时代，体验大数据课题。实验室结合学校的走班制教学，开设了多种与大数据相关的课程与课题。希望通过这些课程与课题使学生了解数据处理的魅力，洞察大数据的时代脉搏，培养学生数据处理能力，并在前沿课题探究中激发和培养学生的科学探究意识和创新素养。图 10 - 1 展示了北京市第三十五中学大数据与科学计算实验室的全貌。

图 10 - 1　北京市第三十五中学大数据与科学计算实验室全貌

## 第二节　大数据时代的相关性

在大数据时代，思维方式从因果思维转向相关思维。相关性（correlation）让人类更多地发现和认知了现实世界中"暗藏"已久的人与人、人与物、物与物、物与事、事与事之间的"关系"，相关性不仅是大数据的灵魂，更应该是数据世界里我们每一个人的思维灵魂。

### 一、 相关性

一般来说，两个变量之间的相关性在某种意义上是指它们的关系（relatedness）。相关变量是包含彼此信息的变量，两个变量的相关性越强，其中一个变量包含的关于另一个变量的信息就越多。

相关性分正相关、零相关和负相关。正相关是指两个变量变动方向相同，一个变量由大到小或由小到大变化时，另一个变量也由大到小或由小到大变化，即其数据曲线的切线斜率始终大于零 ［图 10 - 2 （a）］。如身高与体重，身高越高，体重就越重。其中，引起变化的量叫作自变量（即自己发生变化的量），另一个变量叫作因变量（即跟着自变量变化的量）。零相关即没有关系，变量 $x$ 和 $y$ 之间的关系十分散乱，无法找出它们之间的联系，各现象间表现为相互独立［图10-2（b）］。因变量随自变量的增大（减小）而减小（增大）为负相关［图10-2（c）］。

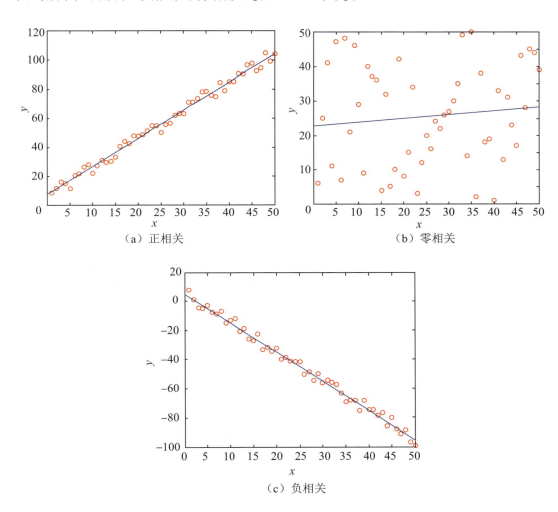

（a）正相关　　　　　　　　　　　（b）零相关

（c）负相关

图 10-2　正相关、零相关及负相关

相关性不意味着因果关系，即使是两个变量之间有强相关性也不保证存在因果关系。观察到的相关性可能是由于隐藏的第三个变量的影响，或者完全是偶然的。也就是说，相关性确实允许基于另一个变量来预测一个变量。下面介绍最常用、最基本的判断相关性的方法。

## 二、协方差

标准差和方差是描述一维数据的，但现实生活中有许多多维的数据，我们需要判断其之间的相关度。协方差［$Cov(x, y)$］就是一种用来度量两个随机变量关系的统计量，可以仿照方差进行定义：

$$Cov(x,y) = \frac{\sum_{i=1}^{N}(x_i - \bar{x})(y_i - \bar{y})}{N - 1} \qquad (10-1)$$

式中，$x_i$，$y_i$ 表示个体观测值；$\bar{x}$，$\bar{y}$ 表示平均值；$N$ 为样本数量。

协方差的意义在于能够判断出两者的相关程度，结果是正数，说明两者正相关。

Matlab 实现协方差的程序如下：

```
N = 10;
x = randperm(N)
y = randperm(N)
pierxuncov = 0;
avex = mean(x)
avey = mean(y)
for i = 1: N
      pierxuncov = pierxuncov + (x(i) - avex) * (y(i) - avey);
end
pierxuncov = pierxuncov/(N - 1)
```

如果两个变量的变化趋势一致，也就是说如果其中一个大于自身的期望值，另外一个也大于自身的期望值，那么两个变量之间的协方差就是正值。如果两个变量的变化趋势相反，即其中一个大于自身的期望值，另外一个却小于自身的期望值，那么两个变量之间的协方差就是负值。也就是说，如果这些变量都倾向于分布在各自均值的同一侧，协方差将是一个正数；反之，协方差将是一个负数。这种倾向越强，协方差的绝对值就越大。如果不存在整体模式，那么协方差将会接近于0。这是因为正值和负值会相互抵消。

协方差从一定程度上能够比较好地反映两个变量的相关性，但有时它并不是一个最好的度量方式，如图 10-3，协方差 = 0.00007。但从图 10-3 中可以看出，变量之间有着很强的相关关系。这里的关键是要认识到协方差是依赖于比例的。观察 $x$ 和 $y$ 坐标轴，几乎所有的数据点在 $y$ 轴上都落在了 0 和 0.045 之间。协方差接近于零，因为它是通过从每个个体观察值中减去平均值来计算的。为了获得更有意义的数字，归一化协方差是非常重要的。其方法是将协方差除以两个向量标准差（$\sigma_x$，$\sigma_y$）的乘积。

$$\rho_{xy} = \frac{Cov(x,y)}{\sigma_x \sigma_y} \qquad (10-2)$$

归一化后，将相关系数限制在 $-1 \sim 1$。

Matlab 实现归一化协方差的程序如下：

```
N = 20;
```

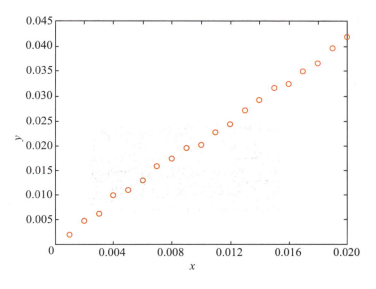

图 10 - 3　协方差很小但是相关的两个向量

x = randperm( N )/1000

y = 2 * x + randperm( N )/10000

pierxuncov = 0;

avex = mean( x )

avey = mean( y )

varx = std( x )

vary = std( y )

for i = 1: N

    pierxuncov = pierxuncov + ( x( i ) − avex ) * ( y( i ) − avey );

end

pierxuncov = pierxuncov/( N − 1 )

guiyicov = pierxuncov/( varx * vary )

## 第三节　Matlab 数据处理的基本语法

高中生一般没有接触过 Matlab 软件，甚至没有听说过 Matlab 软件。本节将针对没有任何 Matlab 编程基础的中学生，讲解 Matlab 数据处理必备的语法及注意事项。

## 一、 建立 ".m" 脚本文件

Matlab 程序的编写及运行由.m 文件承载，要用 Matlab 进行数据处理，首先要学会建立.m 文件。具体操作如下：

（1）点击 Matlab 7.0 的图标，打开 Matlab 软件，如图 10 – 4 所示。

图 10 – 4　打开 Matlab 软件

程序打开的界面如图 10 – 5 所示。

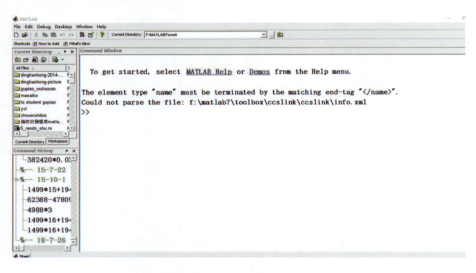

图 10 – 5　Matlab 进入后的界面

（2）左键单击左上角 File 下拉菜单中的 new，或者点击 File 下面的如图 10 – 6 所示的按钮，即可建立如图 10 – 7 所示的.m 文件。

图 10 – 6　建立.m 文件

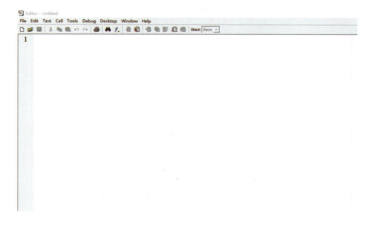

图 10 - 7　建好的.m 文件

在建好的.m 文件中直接写程序语句。

如输入程序语句：a = 2，b = 3，输出 a + b，可直接在.m 文件中写入语句：

$$a = 2;$$
$$b = 3$$
$$a + b$$

即可。

写完程序后，点击保存按钮""，出现如图 10 - 8 所示的对话框。

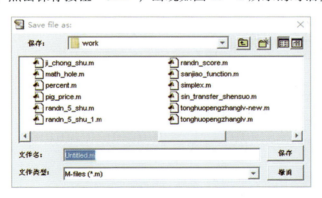

图 10 - 8　.m 文件命名窗口

在此要给程序命名，.m 文件命名的规则如下。

1）文件名命名要用英文字符，第一个字符不能是数字或下划线。

2）文件名不要取同 Matlab 固有函数相同的名称，.m 文件名的命名尽量不要是简单的英文单词，最好是由大小写英文/数字/下划线等组成。简单的单词命名容易与 Matlab 内部函数名同名，结果会出现一些莫名其妙的错误。

3）文件存储路径一定为英文。

4）.m 文件起名不能为两个单词，即命名中不能出现空格。

保存完程序后点击运行按钮""，或者点击 Debug 按钮下面的 run 按钮，如图 10 - 9 所示，或者使用快捷键 F5，都可以运行程序。

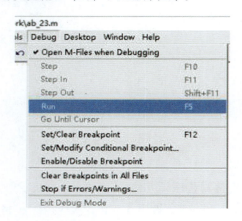

图 10 - 9　.m 文件运行

在 Matlab 命令窗口看运行结果，如图 10 - 10 所示。

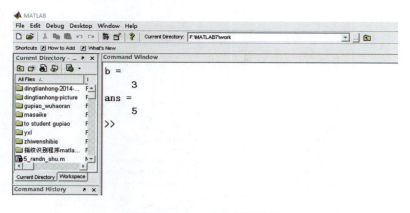

图 10 - 10　.m 文件运行结果

细心的同学可以看到，b = 3 语句在命令行窗口有显示，而 a = 2 语句没有显示。返回查看输入语句会发现，a = 2 语句后面有";"，b = 2 语句后面没有。在 Matlab 程序中，默认有";"的语句不做输出，没有";"的语句结果在命令行窗口做输出。

## 二、 for 循环

for-end 循环的格式：for 循环变量 = 初值：步长：终值

　　　　　　　　循环体语句组

　　　　　　　End

注意：（1）步长为1时，可省略。

（2）步长值为正数时，递增循环退出循环条件是"循环变量 > 终值"；步长值为负数时，递减循环，退出循环条件是"循环变量 < 终值"。

for-end 循环运行机理如图 10 – 11 所示。

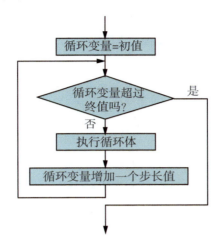

图 10 – 11　for-end 循环运行机理

例1：输出2、4、6、8、10。其循环语句如图 10 – 12 所示。

图 10 – 12　例 1 的循环语句

例2：计算 1 + 2 + 3 + ⋯ + 100。其循环语句如图 10 – 13 所示。

图 10 – 13　例 2 的循环语句

例3：计算 100 + 98 + 96 + ⋯ + 2。其循环语句如图 10 – 14 所示。

```
s=0;        循环变量
            初值
for   i = 100:- 2:2    步长为负数
      s=s+i;循环结构体语句    终值
end
s
```

图 10 – 14　例 3 的循环语句

## 三、 if 语句

if 条件语句的格式有两种：

格式一：　　　　　　　　if 逻辑表达式

　　　　　　　　　　　　　　程序语句组

　　　　　　　　　　　　end

if 语句计算所跟的逻辑表达式的值，若值为真，就做下面的程序语句组；若值为假，就跳到 end 后继续做程序。

例 1：如果 a < b，输出 a 的值。

```
a = 2;
b = 3;
if a < b
        a
end
```

格式二：　　　　　　　　if 逻辑表达式

　　　　　　　　　　　　　　程序语句组 1

　　　　　　　　　　　　else

　　　　　　　　　　　　　　程序语句组 2

　　　　　　　　　　　　end

if 语句计算所跟的逻辑表达式的值：若值为真，执行程序语句组 1；若值为假，执行程序语句组 2，然后再执行 end 后面的程序。

例 2：如果 a < b，输出 a 值，否则，输出 b 值。

```
a = 2;
b = 3;
if a < b
        a
else
        b
end
```

## 第四节　基于分层分类走班制算法探讨的课题指导

### 一、 项目导入

（1）借助网络查阅大数据，初步了解大数据，谈谈对大数据的认识。

（2）导入视频。

观看颠覆性的数据可视化演示视频（http://open.sina.com.cn/course/id_511/），思考大数据给人的思维带来了哪些改变？

### 二、 项目发布

#### （一） 真实情境

分层走班制教学是北京市第三十五中学目前正在推行的上课模式，也是未来高中教学的大趋势。

#### （二） 角色

假设你是一名教务管理人员，请给学校的分层走班制提出科学的建议。

#### （三） 目标

分析学生的历次期中和期末考试成绩，从成绩中分析该生的学习特点，根据学生的学习特点来分班。

#### （四） 受众

将向学校相关部门提出相关建议。

#### （五） 数据

北京市第三十五中学 2015 级学生，高一、高二数学 8 次考试成绩，成绩包含学生每道题的详细得分。

#### （六） 成果

**挑战任务 1　学习第三节内容，完成 Excel 和 Matlab 数据整理**

（1）如何能迅速找出数据不全的学生？为什么要将此部分学生成绩剔除？

（2）将学生成绩与学号做一一对应。

**挑战任务 2　将试卷题目进行分类**

（1）观察数据，分析学生的得分情况。你是如何分析的？有哪些发现？

（2）小组讨论，根据学生的得分情况，将试卷题目进行分类。

**挑战任务**3　**将学生进行分类**

根据挑战任务2，如何将学生进行分类？

**挑战任务**4　**提出建议**

（1）根据前3个挑战任务收集的信息，按照一定的逻辑顺序进行整理，并通过报告的形式汇总为文字和图片。

（2）除总结报告外，将你在活动过程中的收获以及各种奇思妙想等也可以记录下来，向学校提出建议。

## 三、教学过程

具体教学过程见表10-1。

表 10 - 1　教学过程

| 教学阶段 | 内　　　　容 |
|---|---|
| 1 课时 | 知识风暴、分组和项目导入 |
| 8～10 课时 | （一）Excel 和 Matlab 数据整理<br>　　迅速找出数据不全的学生并将此部分学生的成绩剔除是此部分的主要任务。为了完成这个任务，本课题在此部分用 Excel 和 Matlab 进行数据缺失处理等内容<br>　　（1）在做所有工作之前，提醒学生数据备份，这是数据处理的第一步<br>　　（2）处理数据缺失<br>　　数据缺失是数据分析中经常遇到的问题之一，当数据缺失量比较小时可以直接舍弃。在此本课题想通过学生的 8 次成绩总结出学生学习特点，所以将数据缺失的同学直接舍去<br>　　将学生成绩与学号做一一对应，借助 Excel 和 Matlab 舍去缺失数据<br>　　（二）基础知识讲解<br>　　1. Excel 数据排序<br>　　引导学生探究出只借助 Excel 处理缺失数据的方法<br>　　将 8 次成绩单在 Excel 中按照学号升序排列，借助人工处理掉缺失数据<br>　　2. Matlab 软件基础学习<br>　　Matlab 软件对于高中生来讲比较陌生，如何让学生能快速上手，并不畏惧它，是本项目思考的重要问题之一。在引导学生安装完软件之后，带领学生学习最基本的 Matlab 操作，并告诉他们如何用百度去学习和查询 Matlab 命令<br>　　将 Matlab 同高中数学进行了结合，让学生借助百度查询，尝试自己用 Matlab 画出他们学过的指/对数函数图像，让他们通过设置函数参数，用 Matlab 画出能反映指/对数函数性质的图像 |

中学生科学探究实验室教程　**194**

| 教学阶段 | 内　　　容 |
|---|---|
| 8~10 课时 | 　　学生借助这一学习，感受了 Matlab 软件，排除了对软件和程序的畏惧感，形成了学习和用 Matlab 的成就感，增强了他们的信心，同时还很好地应用和服务了学科教学<br>　　引导学生探索借助 Matlab 软件处理缺乏数据的方法<br>　　以下为学生用 6~8 课时探究出的程序<br>　　为了便于程序搜索，本项目首先依旧在 Excel 中将 8 次成绩单按照学号升序排列，然后再把成绩读入 Matlab 程序中<br><br>clc；<br>clear all；<br>NUM = 8；% NUM 次考试成绩<br>% 读入数据<br>for i = 1: NUM<br>　　　str1 = 'C: \Program Files \MATLAB \fenceng zouban keti data \ji_15_'；<br>　　　str2 = num2str( i )；<br>　　　[ data, text ] = xlsread( [ str1, str2 ] )；<br>　　　Data{ i } = data；<br>　　　Text{ i } = text；<br>　　　[ line( i ), colum( i ) ] = size( Data{ i } )；<br>　　　clear data；<br>　　　clear text；<br>end<br>　　% 清理数据。将成绩不全的同学的数据清理掉，按必由学学号清理。为了提高清理速度，将成绩单按必由学学号进行排序<br>　　% 将第 NUM 次成绩清理成前 NUM - 1 次成绩都有的成绩<br>m = 1；<br>for j = 2: line( NUM ) % 因为第二行开始才是成绩<br>　　Flag = 0；<br>　　M( j ) = 0；<br>　　for i = 1: NUM - 1 % 前七次成绩中找是否都存在这个学生的学号<br>　　　　flag = 0；<br>for k = j: line( i ) % 因为用 Excel 按学号排过序了，所以第 NUM 次成绩中的第 j 个学号在其他成绩中的第 j 个学号附近<br>　　　　　　if　strcmp　( Text { NUM }　( j, 2 ),　Text { i }　( k, 2 ) )<br>　　　　　　　　flag = 1；% 找到同第 NUM 次成绩中第 j 个学号一样的学号<br>　　　　　flag = 1 |

| 教学阶段 | 内 容 |
|---|---|
| <br>8 ~ 10 课时<br><br><br><br><br> | ```matlab
                    break;
                end
            end
        if flag = = 0
            for k = j: -1:1
                    if strcmp (Text {NUM} (j, 2), Text {i} (k, 2))
                        flag = 1;% flag = 1 代表在第 i 次成绩中, 找到了与第 NUM 次
成绩中的 j 对应的 i 中的 k
                        break;
                    end
                end
            end
            if flag = = 1 % flag = 0, 说明在 i 中没找到与 j 对应的 k, 这时的 j 要去掉
                Flag = Flag + 1;
            end
        end
        if Flag = = NUM - 1% 代表在除最后一次成绩中的所有成绩中, 都找到了与 j
对应的必由学学号
    JData {NUM} (m, :) = Data{NUM} (j - 1, :);
            JText {NUM} (m) = Text {NUM} (j, 2);
            m = m + 1;
        end
    end
end
% 将前 NUM - 1 次成绩按照上面清理后的第 NUM 次做清理, 只有第 NUM 次成绩
里有这个必由学学号, 前 NUM - 1 次成绩里才保留这个学号对应的成绩
    [Jline (NUM), Jcolum (NUM)] = size (JData {NUM});
for i = 1: NUM - 1
    k = 1; l = 1;
    for j = 2: line(i)
        for k = 1: size(JData {NUM})
            if strcmp (Text {i} (j, 2), JText {NUM} (k))
                JText {i} (1) = Text {i} (j, 2);
    JData {i} (1, :) = Data {i} (j - 1, :);
                l = l + 1;
``` |
```

| 教学阶段 | 内 容 |
|---|---|
| 8～10课时 |                         end<br>                  end<br>            end<br>            [Jline (i), Jcolum (i)] = size (JData {i});<br>      end<br>      % 到此，数据处理部分完成，可以准确列出 8 次成绩中成绩都全的学生学号，并存储至 JText，对应的成绩存储至 JData 中 |
| 2～3课时 | （三）将试卷题目进行分类<br>    在前面学习了 Matlab 基础及编写了一些 Matlab 程序后，引导学生探索出将试卷题目细分的程序：<br>    % 将题目细分为基础题、提高题、探究题<br>    for i = 1: NUM<br>        n1 = 0;<br>        n2 = 0;<br>        n3 = 0;<br>        for j = 4: colum(i) %4—40 列是从第一题到最后一题的最后一小问的细分<br>            Max = max (Data {i} (:,j));<br>            Mean = mean(Data{i}(:,j));<br>            if  Mean >= Max * 3/4<br>                The_ difficulty_ coefficient (i, j) = 1;<br>                n1 = n1 + 1;<br>            end<br>            if  (Mean >= Max/2) & (Mean < Max * 3/4)<br>                The_ difficulty_ coefficient (i, j) = 2;<br>                n2 = n2 + 1;<br>            end<br>            if  Mean < Max/2<br>                The_ difficulty_ coefficient (i, j) = 3;<br>                n3 = n3 + 1;<br>            end<br>        end<br>    end |

| 教学阶段 | 内　　　容 |
|---|---|
| 4～5 课时 | 根据不同题型学生得分情况，将学生进行分类。依旧使用 Matlab 程序<br>提出建议形成报告<br>（1）根据前 3 个挑战任务收集的信息，按照一定的逻辑顺序进行整理，并通过报告的形式汇总为文字和图片<br>（2）除总结报告外，将你在活动过程中的收获以及各种奇思妙想等也可以记录下来，说不定你的分层分班的班级设置建议会被学校采纳 |

## 四、参考文献

［1］ CPDA 数据分析开地. 大数据时代要有大数据思维［EB/OL］.（2015 – 12 – 04）. https：//mp. weixin. qq. com/s？_biz = MjM5MTQ1NDIOMQ = = &mid = 400734339&idx = 1&sn = d9d80d2c1d4d20d605eebb4bbee0a6ed&scene = 4#wechat_redirect.

［2］ 周建兴，等. MATLAB 从入门到数通 ［M］. 第 2 版. 北京：人民邮电出版社，2012.

［3］ 盛骤，试式千，潘承毅，等. 概率论与数理统计 ［M］. 第 4 版. 北京：高等教育出版社，2008.

中学生科学探究实验室教程

198